Luise Rinser

ルイーゼ・リンザー
の
宗教問答

—カルトを超えて

中澤英雄 訳

鳥影社

ルイーゼ・リンザーの宗教問答——カルトを超えて　目次

凡例

＊本書は Luise Rinser, Mit wem reden, Stuttgart（Thienemann Verlag）1980 の全訳である。原題は「誰と話し合うの」という意味である（この書は現在では Fischer Taschenbuch Verlag から新書判として出版されている）。

＊訳文中の傍点は原文のイタリック体である。ただし、原文でドイツ語の語法上イタリック体になっているところは、訳文では意味上対応する箇所に傍点が付されている。

＊（ ）は原文で使用されている括弧であり、〔 〕は訳者による解説である。

＊訳書では原著の「どのようにして神を《体験》できるか」と「神観念について」の章の配列を前後に入れ換えてある。そのほうが議論の筋道がより理解しやすくなると思われたからである。

序　若くはない人、批評家、教育者、神学者への手紙

「ぼくには、自分の問題を話し合うことのできる人が一人もいません。ぼくは宗教的な問題について誰かと話し合いたいのですが、ぼくの両親はそんなことをする時間も気持ちもありません。両親は、自分たちはそういう問題については何もわからない、と言います。宗教の授業では〔ドイツの学校には《宗教》という授業科目がある〕、生きる指針となるような、ぼくが本当に知りたい大事なことは何も勉強しません。そこで聞くことといえば、みんな自分にはまったく無関係です。いつもいつもおんなじ話で、片方の耳から入って、片方の耳から抜けていくだけです。同じ年の仲間たちと話もできるけれど、仲間ときたらぼくよりものを知らないんです。ぼくはもう何冊か宗教に関する本も読みました、オランダ教理問答〔教理問答（カテヒスムス）はキリスト教の教義を質疑応答形式で解説する手引き書。《オランダ教理問答》は一九六九年に編纂された教理問答〕とかほかの本を……。でも、そんなのは全部ぼくの疑問に対する答えにはなりません。ぼくはどうしてもこう考えざるをえません――本を書いている連中は、自分でも書いていることを本当は信じていな

いんだ、彼らはただそのことについておしゃべりしているだけなんだ、と。連中は哲学をやっているけれど、それは宗教ではない。ぼくはＴＭ〔超越瞑想（Transzendentale Meditation）の略。インド人マハリシ・マヘッシュ・ヨギの創始した新宗教〕とかハレ・クリシュナ〔やはりインド系の新宗教〕をやっている若者たちとつきあったこともあります。しかし、珍奇な教団に対してはいやけを感じます。どうしたらよいのでしょう？　あなたと話し合うことができますか？　あなたならぼくに答えてくれますか？」

このような手紙が毎日私のところに届きます。本来ならそれに応じなければならない大人たちが無力であるということは、恐ろしいことではないでしょうか？　このように書いてくるのは宗教的な若い世代です。彼らは現状から脱出したいと願っています。死ぬほど味気ない唯物主義、強迫的消費、人間が生きるのを助けるという本来の目標をとっくに見失ってしまった諸政党の党派争い、競争に勝って人生を「やってゆける」と称してはいるものの、心の荒廃のためにひそかに酒に溺れ、出世コースから転落するのではないかという不安から、精神安定剤の助けを借りてかろうじて生きてゆくことのできる、如才のないクレバーなタイプの人間たちで占められている、社会という名のロウ人形館、権力者側の上からのテロ、反対勢力の下からのテロ、憎悪、この光明のない生存、こういったものから脱出したいと願っているのです。

脱出したい。しかし、どこへ向かって？　そして、どのようにして？

「新しい社会がどのようなものになるのかは、私たちはすでに知っているのかもしれません。別の選択（アルターナティーヴェ）が現に存在しています。所有と権力をめぐる闘争のない共同生活を実現するためのモデルが存在しているのです。私たちが必要としているのは、政治家と自称しているおじん、おばん連中の代わりに、古いコンセプトをすべて投げ捨て、ただ山上の垂訓〔マタイ福音書第五～七章で語られる《心の貧しい人々は幸いである》で始められるイエス・キリストの説法〕を政治的・社会的行動の規範にする勇気を持った新しい人間です。私たちが必要としているのは、自己の所信を述べる市民的勇気を持った人間なのです」

「ぼくたち若者は地球の人口の半分以上を占めているのに、この多数派が、いかなるダイナミックな変動も拒否する少数派によって暴力的に抑圧されているのは、不条理ではないだろうか？　ぼくたちは相変わらず父親を恐れる子供なのだ。ぼくたちは、自分たち自身が大人であることをまだわかっていなかったのだ」

「しかし実際のところ、現状に対する打算的な、いわば詐欺師的な順応と、この現状を変えるための暴力の行使の間の選択以外に、ぼくたちはどんな選択肢を持っているのでしょうか？」

「社会が変化に対してそんなに大きな不安をいだいていることは実際奇妙なことです。だって、社会もその古い体制の中で全然居心地よく感じてはいないんですから！　社会は、変わらなきゃいけない、ということを知っていますが、それに逆らい、社会がよい方向へ変化するのを手助けしようとする人々を処罰するのです」

「元来キリスト教会はアルターナティーフな生き方のための機関となるべきでしょう〔《アルターナティーフ》とは、資本主義社会の物質中心主義的な価値観を否定して、自然環境、社会的公正、人間関係といった価値観を追求する、ドイツで一九七〇年代以降盛んになった社会的、文化的、政治的運動の総体を指す。現在の「緑の党」はその流れの中から生まれた〕。教会はただイエスの教えを真剣に実行しさえすればいいんです。権力と所有を否定して、お互いに愛し合う自由な人間たちの社会の建設を実行しさえすればいいんです。イエスが言っていたことはそういうことでしょう？　しかし、教会は権力者とくっついて、すべての人間の平等というイエスの教えを実行しようとしている革命の神学〔《解放の神学》ともいう。キリスト教を単なる心の慰めとするのではなく、人間の社会的解放の教えと解釈し、政治的な実践活動を行ない、ときには革命運動に参加する。ラテン・アメリカをはじめとして第三世界で盛んになった〕を差別しています。教会はなぜ私たちにもちゃんと発言させ、行動させないのでしょうか？」

　これらはすべて若い人たちの手紙からの引用で、最後は若い神学者からのものです。

　私たちが目にしているのは、若者がひどく苦しんでいる姿です。私たちが目にしているのは、何か新しいことが現われ出ようとしている気配です。そして私たちが目にしているのは、理念と力のどれほど多くの潜在的可能性が諸国家や諸教会において窒息させられているか、ということです。

若者はいたるところで不安げな反発と拒絶に出合います。そういうわけで、彼らはまったくひとりぽっちに感ずるのです。彼らの抑圧された力が革命やテロで爆発するときだけ、彼らは注目をあびます。そうすると社会は叫び声をあげます。それ以前に、社会が見る目と聞く耳を持っていたらよかったのに！

若者が私たち大人を、私たち年寄りを、原則的に拒絶しているのだ、というのは本当ではありません。三〇歳以上の人間はみんな若者の敵だ、と言われた時代は過ぎ去りました。若者は大人たちといういかさま師の間から、ごまかさないでゲームをする者を選び出そうとしています。彼らは大人と話し合う用意があります。しかし、ただ真に生きている大人、自分を変える能力のある大人とだけです！

私のほうが若い話し相手を求めているのではありません。彼らが私を求めているのです。私は彼らのしばしば厳しい質問にぶつかりますが、それに答えられないことはありません。しかし、自分のほうが多くのことを知っており、助言を与える立場にあるということの役割は、私にとって居心地のよいものではありません。私のほうが本当に多く知っているのだろうか？　私は確実なことを知っているのだろうか？　たとえそうだとしても、誤解されることなしに、それを伝えることができるだろうか？　この原稿をまとめている間、私は原稿用紙を何度も火にくべそうになりました。私は何度も自分を検証しました――お前はやはり神学で習った古い公式を用いているのではないか？　お前は自分が言っていることを本当に信じているのか？　お前は自分をごまかして、本来の問題を巧妙に回避しているのではないか？　お前は本当に、本当に、お前の全存在をかけて、お前が言っていることに責任を持っているのか？　ところで、障害飛越競技の騎手のための古い格言があります――まず自分の心を前に投げ出し、そのあとから飛べ！　というものです。

私は自分自身を前に投げ出します。

若い人たちはこの本に対して、私が彼らの期待に反して非政治的な回答をし、私が宗教の領域に引きこもっている、と批判することができます。それに対して、私がカール・マルクスの言葉で答えたならば、彼らは私を理解してくれるでしょうか？――「歴史は徹底的で、古い形態が葬り去られるまで、多くの段階を経過する」〔『ヘーゲル法哲学批判序説』〕。あるいは私はイエスの言葉で答えるべきでしょうか？――「死者を葬るのは死者にまかせておけ」〔マタイ福音書第八章、ルカ福音書第九章〕。

今やひとつの歴史的段階がその終局を目指して進んでいます。私は埋葬のための弔辞を述べるのではありません。私は生きのびる者たちの側に立ちます。

私たちを生きのびさせるものとは何でしょう？

それは私たちが宗教と名づけるところのものです。

それでは宗教とは何でしょう？

宗教とは愛です、そして愛が宗教です。

愛は永続的なエネルギーの源泉です。愛はいかなる「エネルギー危機」をも乗り越えて、私たちを生きのびさせてくれることでしょう。

誤解を避けるために申しますが、宗教という言葉で私が考えているのは、社会の接着剤として利用される、またいかなる種類の革命にもブレーキをかける安全装置として利用される、例の体制的キリスト教のことではありません。私は宗教を真に革命的な理念として考えています。

ですからこの本は、私の読者の質問に応じて、「正規の宗教の授業」の対象となる、あるいは本来なるべき、数多くの問題に触れていますが、正規の宗教書ではありません。しかし、若い人たちはなぜこの私にこれらの質問を向けるのでしょう？　彼らには質問をするための宗教の先生がいるのではないでしょうか？　どうやら若者は彼らの本来の質問に答えが得られないようです。あるいは、その答えが若者の言葉ではない言語によって与えられるのです。正規の宗教の教師は彼らの教理学とその公式的言語に縛られています。私は縛られておりません。私は容易に「異端的」にもなりかねない多くの見解を援用します。ギリシャ哲学、プラトンやピュタゴラス、インド哲学も、そしてグノーシス的な理念もです〔グノーシスはギリシャ語で「知識」

の意。霊的知識の獲得によって救済を獲得できるとする古代末期の宗教思想。ユダヤ教やキリスト教とは一種の対立関係にあった」。そのことはどんな神学者でも立証できるでしょう。しかし、私たちはなぜ私たちの神学をかくも貧困化させたのでしょう？　私たちはなぜ生きた水が流れ出る水源を塞いでしまったのでしょう？　宗教とは神秘です。ただ神秘主義者の言語のみが核心に到達するのです。ですから私にとっては、本の中できわめて論理的に議論するよりも、私の若い読者たちを私のまわりに座らせ、彼らとともに彼らの問題について瞑想できるほうが、千倍も望ましいことなのです。しかし、私は「理性的な」言語以外には何も持ち合わせていません。おそらく私の読者は、言葉で言われなかったものを感じてくれることでしょう。

第一章　自己発見

この本では宗教的な質問に対する回答を試みる、と私は言ったのではなかったでしょうか？でも私はまず宗教とは無関係のテーマから始めましょう。「どうしてだ？」と言うかもしれませんね。我慢、我慢。これについて色々と考察をめぐらしてみると、その結果として、自己発見と宗教（どのような種類のものであれ）とは不可分に結びついている、ということがわかるでしょう。人がその人自身になるのは、ただ彼が全体的人間になったときだけです。そして人が全体的人間になるのは、人が全体に心を向けるときだけです。この全体が宗教と関係しているのです。全体が宗教なのです。私たちはこの問題の核心にゆっくりと手探りで近づいてまいりましょう。

若い人たちが、自分が何者であるかわからない、ということにどれほど苦しんでいるかは、一六歳から二〇歳の間の若者たちの手紙から二、三引用してみればすぐにわかります。

「私は自分がどうなっているのかわかりません。毎日別の人間なのです。まるで、どれもこれも合わない着物を試着するみたい」

「ぼくは自分が誰なのかわかりません。自分という人間は、家や学校で教え込まれたすべての事柄の束であるように思えるんです。ぼくはその束の中にいるはずです。しかし、ぼく自身は見つかりません」

「ぼくは何かの模範的人物を選び出して、自分もそうなれる、と考えます。でもじきに、そうはいかない、ということに気がつきます。ぼくは彼らではない。しかし、ぼくはぼく自身でもない。ぼくはただ断片の集まりみたいです。ぼくは全体がわからない。全体なんてあるんだろうか？　ぼくはどうしたら全体になれるんだろうか？」

私がこれらの手紙の主と同じくらいの若さのころ、私もこのような自己分裂の状態をどれほど強く感じたことでしょう！　私はその体験を私の最初の長編小説『人生の半ば』（一九五〇年）に描きました。私は小説の中で主人公のニーナに次のようにしゃべらせていますが、それは私が自分で苦しんだ状態そのままです。

「私は本当はシュタイン〔ニーナの治療に当たった医者。ニーナと恋愛関係にあった〕さんに感謝しなければいけないのだわ。彼は私を私以外の別の人間にしようとしたし、私はいつも彼に逆らったけれど、まさにそのおかげで、私が本来どういう人間であるか、ということを理解することを学んだからなのよ。自分自身のことを知らないのに、それでもやはり自分がどんな自分であるかを知っているというのは奇妙なことね。若かったその当時、私はかなりむら気だったわ。朝、目を覚まして起きると、前日とはまったく別の人間になっていたという経験を、あなたも知っていた？……他人はそれに気づかないわ、でも自分ではそのことをちゃんと知っているの。こんな人間かもしれない、あんな人間かもしれない、まったく別の人間かもしれない、ということを感じるの。……本を読むと、自分は本の中のこの人物やあの人物と同じだということがわかるの。そして次の本を読むと、また別の人物になり、それが続くの。自分自身をのぞき込んでみると、百もの異なった私が見えるけれど、そのどれひとつとして本当の私ではないのよ。その百を全部あわせたものがひょっとしたら本当の私なのかもしれないわ。人は自分がなりたいものになることができる、と考えています。そう信じているわ。でも実際には、これらのたくさんの私の中のたったひとつを選ぶことができるだけなのよ」

私が一八歳のとき、父が怒って、軽蔑したように言いました――「お前には節操というものがない。お前は心がふらふらしている（wankelmütig）」

のちになって私は、私の状態（これは今でもまだ続いているのです！）を言い表わすのに、「心を変化させる勇気（wandelmütig）」という言葉を作りました。

デルフォイの神殿の上には、「汝自身を知れ」という言葉が書かれていました。

歴史の授業でこの文章を初めて聞いたとき、私は奇妙に思いました。その文章は、一人の人間が二つの人格から成り立っている、ということを前提としているからです――一人は認識する人で、もう一人は認識される人です。あるいは一人は行動する人で、もう一人は批判的にそれを観察する人です。ヘルマン・ヘッセはかつて、第三の自分もいる、と書きました。それは観察している自分を観察する人で、それがどこまでも続きます。

このことは、私たちが自分自身と決して一体になっていない、ということを意味しています。すべての人は多重人格者なのです。すべての人は実に多層的な遺伝・遺産をもって生まれてきます。人間は「遺伝素質」の束であり、この束の中には、お互いにぴったり調和しない部分が含まれているのです。フランスの哲学者サルトルは、一部はカトリック、一部はプロテスタントの家族の出身であることに非常に苦しみました。彼はプロテスタンティズムからは懐疑と批判を、カトリックからは服従と謙譲への傾向を受け継ぎました。彼は苦悩する反逆者になり、生涯反逆者のままでした。

私たちの遺伝素質の束に、さらに教育の非一貫性がつけ加わります。父は母とは異なった教育をし、教師たちは両親とは異なった教育をします。そして、国家と教会はまた別の理想を持っています。各人・各機関は私たちを自分の好みに従って教育しようとします。若い人が自分がいったい何者であるのかわからないのも無理はありません。

多くの人々は自分自身を認識する必要性を全然感じておりません。彼らはただ漫然と生きているだけです。別の人たちは、若いときには自己認識を獲得しようと試みますが、やがてそれを諦めてしまいます。さらに別の人たちは、人格の束のたった一部分にすぎないものと性急に自分を同一視し、そのほかのすべての可能性を排除して、良識ある国民になります。別の人たちは、社会のためになることをするという可能性を排除して、反逆者やそのほかのアウトサイダーになります。真の統合的人格になることに成功するのは、ごくわずかな人だけです。大部分の人は断片のままにとどまります。

断片的人間の中から、どのようにして全体的人間を見分けられるでしょう？

あなたたちはすでにこんな経験をしたことはないでしょうか？　あなたたちが仕方なくうわべだけの尊敬を示すにすぎない先生たちの中で、心から尊敬せざるをえなくなるような先生を見いだす、という経験です。それは、その先生が自分自身で十分な内面的強さを持っていて、完成された人格でありながら、しかも自分の強さを利用しようとしないからです。こういう先生に、どうやって全体的人格になることができたのか、と質問すれば、彼は何と答えることができるでしょう？　それはおそらくこのような答えでしょう。

「このすべてが混乱した外面的、内面的世界の中で、自分自身を発見することは実に難しいことだった。私の自己発見は、両親の家と学校の諸々の強制から自由になることによって始まった。私は静かな粘り強い反逆者だった。それをやり通すことは困難だった。というのは、私の父は強力な権威を持っており、実際には私は彼を尊敬していたからだ。母は好きだったが、彼女は父が望むようなタイプの女性だった。私は、両親や先生たちも望むような人間になって、彼らを喜ばせてやりたかった。そうしたほうが私にとってもずっと楽だったろう。何年もの間私は、権威に順応しようとする自我の部分と戦う生活をした。しかし、私は順応してはならなかったのだ。私の心の中には、肯定と否定の入りくんだジャングルを通って私を導いてくれる何ものかがあった。もっとも、私はひとりぼっちだった。しばしば私は自分にとっても面白くない人間であったし、すべての他人にとってもそうであったことは当然だった。私は変人だった。時おり私は、自分は気が狂うのではないか、と考えた。非常に多くの人物が私の中にいて、それぞれが生きたいと欲していたからだ。思春期精神分裂症という病気がある。時たま私は、何か恐ろしいことをしでかしたい、という欲求を感じた。家に火をつけるとか、そんな類のことを。しかし、そんなことをしようというのは、私の中のたった一人の人間で、別の人間は善良になり、他人を助けたいと思っていたのだ。徐々に徐々に私自身の人格がはっきりと表に現われてきた。私は自分自身を絨毯の下絵のようなものだと見なした。その下絵の通りの絨毯を私は織り上げなければならなかった。それを織るためには、黒い糸も使わなければならないのだ！　私自身の影〔ユング心理学の用語。人間の意識的自己像に合致しないので、無意識層に抑圧されているよこしまな自我の部分〕も使わなければならないのだ。私は、自分が邪悪でもあることを、卑劣な人間、なりそこねの放火犯、そのほかの悪人であることを見なければならなかった。私は私のすべての部分を私として肯定しなければならなかった。そしてついに私は、いわゆる完成された人格と呼ばれるところのものになったのだ」

大人だったらこのように話すことができるでしょう。あなたたちが一六歳や一八歳や二〇歳で、自分自身と一体になることができると考えたら、まったく馬鹿げたことです。自己発見は人生の始まりにあるのではありません。自己発見が人生なのです。私自身は、ようやくこの年になって自分自身と本当にひとつになったと考えています。私が生まれたときに一緒に与えられていた私の下絵と合致するようになった、と感じ始めています。実際には、私が私自身になり始めたのは、私がある日両親の家を離れ、二年間家に帰らなくなってからです。私は、保守的な家庭が私の周囲に張りめぐらしたロープから、自由にならなければなりませんでした。私は別離に苦しみましたが、やり遂げました。私が再度家に短く立ち寄ったとき、私はもはや圧迫されるようには感じませんでした。しかし、私が完全に自由になったのは、ようやく父が死んだあとです。そのとき私は四〇歳になっていました！

私は、自己発見に際しては、精神科医や、心理療法家や、グル〔ヒンドゥー語で「導師」の意。主としてインド系の新宗教の教祖。転じて、あらゆる分野の教祖的存在も意味することがある〕が手助けしてくれることができるのではないか、という質問をたびたび受けます。たしかに、そういうこともあるかもしれません。しかし、あまりに性急に、そして本当に困ってもいないのに、援助者のところに駆け込むべきではないでしょう。私はしばしばあなたたち若者のことをいぶかしく思わずにはいられないのです――あなたたちはすべての父親とすべての権威を否定していますが、それから何をしているのでしょう？　父親的な権威者のところに駆け込むのです――マハリシ〔TMの教祖〕たちや心理療法家のところへ。それは首尾一貫したことでしょうか？　しかし、ほかにはもうどんな手段もなくて、内面の混乱状態が精神分裂病になり、妄想観念を生み出すようなら、そのときはもちろん精神科医がそれを担当することになります。精神科医は、人が自分ひとりではできない仕事をしてくれます――彼は私たちと一緒に、私たちの魂の深層に降りてくれるのです。以前はそのために聴罪司祭〔カトリックで信徒の告白を聴き、秘蹟的な赦しを与える資格をもった司祭〕という人がいました。残念ながら、今日ではキリスト教的告解のこの側面は失われてしまいました。告解の心理的な価値は次のようなものでした――経験豊かな聴罪司祭（立派な人は一種のグルでした）の手に導かれて、魂の影の深みに降りてゆき、隠れた罪をすくい上げてくることです。罪の認識と告白は、自分自身の影を認めることです。「私はこういう人間です。そしてこういう人間でもあります。私は暗闇と光明、残忍さと善良さ、虚偽と真実という二つの対極の間に立っています。そして私はこの両方です。それが私なのです」告解には、精神療法家が行なう場合でも、「回心」、方向転換、別の道の選択、人間存在の光明面の開発も含まれています。

そういうわけで私たちはすべて、光と闇の間にあって、私たちが進むべき方向を示しているかすかな足跡をたどって歩むのです。

私たちの前を歩いて、その足跡を残してくれたのは誰でしょう？

私にかつて深い印象を与え、今でも再三私を感銘させるひとつの物語をお話しましょう。それはたいへん古い物語です。それは二千年以上も前のギリシャの大学サークルの中から生まれた話です。それはデルフォイの「汝自身を知れ」という例の言葉が彫り込まれた時代です。その当時、大ギリシャ〔ギリシャの植民地の南イタリアとシチリア島を指す名称〕のシチリア島で有名な学派を率いていた教授の名はピュタゴラスといいました。彼は、あなたたちが三角形の三平方の和に関する数学の定理以外には何も知っていない、例の学者です。私が彼について知っていることは、もっと重要です。彼は、自己発見はこのようにして行なわれる、と語りました――最初、人間は霊的存在として、天にあって至福に満ちた霊たちの間に生きていました。しかし、すべてが変化してしまったので、人間も一度地上に降りなければなりませんでした〔ピュタゴラスは、魂の輪廻転生を説くオルフェウス教の密儀に関わっていたと言われている〕。先生たちや友人たちと別れを告げる前に、彼は彼らに対して、天上の霊としての自分の威厳を保持することをおごそかに約束しました。それから彼の降下が始まり、彼は様々な階層を通り抜けました。そして降下するうちに、彼は天を忘れ、自分がそこで何者であったのかも忘れてしまいました。彼は人間になったのです。しかし、彼の中には天上の何ものかが残っていましたが、それは天への憧憬、彼がかつて天でそうであったところのものになりたいという憧憬です。人間の地上の全生活は、彼がかつてそうであり、現在もそうであるところのものの探求にあるのです。

自己発見はいつでも宗教とかかわっています。なぜなら、私たちの自己〔「自己（Selbst）という語はユング心理学や東洋的宗教において、表面的、現世的意識である「自我（Ich）」とは違って、神的な本来的自己という意味で用いられる」〕、これこそが私たちの核心なのですが、この核心は神性であるからです。それについては本書の以下の章でさらに頻繁に論じられることになるでしょう。自己発見とは、自分の中の神的な核心の発見であり、他者の中の神的な核心の発見であるのです。他者の中のです！　これが大切です。人が自分自身になるのは、ただ他者を通してであり、ただ他者とともにであり、場合によっては、他者に抗して、内面への道を歩もうとする人間を妨害しようとする人々に抗して、でしかないのです。自分ひとりだけでは、決して自分自身を発見できません。そのためには、それに照らして自分自身をかえりみるパートナーを必要とします。自分を批判し、他の人々の間にあって自分はいったい何者か、自分の固有のものとは何か、と自問するように強制するパートナーを必要とするのです。しかし繰り返しますが、自己発見というこのプロセス、「個性化」〔やはりユング心理学の用語で、人間が本来的自己になる過程のこと〕というこのプロセスは、一生涯にわたって続くのです。ひょっとしたら、人間は死においてはじめて自分自身と完全に合致するのかもしれません。

第二章　神は存在するか

質問「私は信心深い家庭の生まれです。私は箱入り娘で育ちました。私の両親はよい両親です。両親は彼らの信仰どおりの生活をしています。しかし、私はしばらく前から、両親の信仰はまったく伝統的な信仰だと考えるようになりました。彼らは一度も疑問を持ったことがありません。彼らはおそらく、信仰について深く考えることを自分自身に対して禁止したのでしょう。心のどこかで、私は両親のこのような屈折のない信仰がうらやましくもあります。他方、私は単純にそのように信じることもできません。私は、神なんて全然存在しないのだ、という一種の確信をいだくことがよくあります。私は私の叔父とそのことについて話し合いました。叔父は神学者で、私にあらゆる神の存在証明を説明してくれました。しかし、私にはそれは何も証明したことになりません。私はこの問題に関してかなり孤独に感じています。神が存在するのか、それともそれはただ人間が考え出したものなのか、私に教えて下さい」

神が存在するかどうかですって？　あなたはまるで、私がその答えを知っており、あなたの信仰が私の答え次第で決まるかのように私に質問していますね。あなたの質問には答えはありません――あなたがその答えを自分自身の中に見いだす以外には。私ができることといえば、ひょっとしたらひとつの答え、つまりあなたの答えに導いてゆくひとつの道の上にあなたの思考を乗せるために、少しばかりお手伝いすることだけです。どうか私が提案したこの思考の道を、私と一緒に忍耐強く歩いてみて下さい。しかし、その道の最後に、神は存在する、と確実にわかるなどと期待はしないで下さい。そう、話がそんなに簡単だったらよろしいのですけれど……。

さて、あなたは誰かがフエゴ島〔南アメリカ最南端の島〕という島について話をしていたのを耳にしたとします。そしてあなたは、そんな島が存在するかどうか、と私に尋ねたとします。そのとき、私はあなたにこう言うことができるでしょう――このような名前の島が本当に存在するかどうか、私は知りません。私は一度もそこに行ったことがありません。しかし私は、南アメリカの地図を作成した人々が正確な仕事をしたということを、したがってフエゴ島と呼ばれる島の記載も正しいものであることを信用せざるをえません。いずれにせよ、南アメリカ大陸の最南端の先には、「フエゴ島」と名づけられている島があります。そこに旅行して、そこに島があるかどうかを見ることは、私の自由にまかされています。その島の名前がフエゴ島というのはどうでもよいことで、それは別の名前にしてもかまいませんが、私はその島に与えられた名前を用いることにします。そういうわけでフエゴ島は、その存在を私たちが自分で確かめることのできる実在ということになります。

それでは北極点はどうでしょう？　北極点も地図に記載されています。ですから、おそらくそこに旅行して、その存在を検証できるに違いありません。

あるいはそうではないのでしょうか？

ところで、私はアラスカ経由で韓国へ行ったことがあるのですが、そのとき私は北極の上を飛びました。飛行機が北極海に着陸したら、私は北極点の上に腰を下ろすことができたでしょう……。あるいは、やはりできなかったのでしょうか？　そう、できないのです！　なぜなら、北極点はたしかに存在しますが、人間によって計算されたもの、考え出されたものとして存在するからです。同じような意味で、南極点も、赤道も、回帰線も、地軸も存在しません。それにもかかわらず、私たちはそれらのものが存在すると想定せざるをえません。なぜなら、私たちはそれらのものの作用を体験しているからです。地球は自転していますが、すべての回転は軸を中心にして生じます。したがって、地軸が存在するに違いありません。

様々の異なった種類の現実というものが存在するのです。石は現実的です。あなたはそれを疑いません。しかし、仏教にはこのように言う哲学流派があります――そのような意味で現実的なものは一切存在せず、すべてはただ人間の意識の内部においてのみ存在しているのである、と〔いわゆる唯識思想〕。私たち西洋人はそのようには考えません。しかし、いずれにせよ西洋にも、物質的なもの以前に、それらのイデア＝理念が存在する、という見解があります〔プラトンのイデア論〕。

あなたが机を見ているとき、あなたは特別な形に配列された原子の集合を見ているのです。机を壊せば、そこにあるのはただの木片です。この木片を燃やせば、机はもはや跡形もありません。しかし、新しい机を作ることはできます。なぜなら、壊されたものは物質だけであって、机の理念は壊されていないからです。人間の意識の中で机の理念が壊されるようなことがあれば、そのときはじめて、いかなる机も製作不可能となるでしょう。したがって、真の現実は物質にではなく、理念にあることになります。そのことは聖書、創世記にも書かれています――神は言われた、「光あれ」と。これは、神の中に最初創造の理念があった、ということです。このことはただついでに言っておくだけですが。

別の考え方をしてみましょう――ある子供の母親が死にました。その後、その子供は悲しみにふけり、放心状態になり、病弱になりました。子供は全力をあげて母親を取り戻したいと願いました。ある日その子は、夜、母が自分のところに来て慰めてくれた、と言いました。大人たちはその子に、それを信じるままにさせておきましたが、自分たちはもちろんそれが本当のことだとは信じませんでした。しかし、その子はそのときから慰められて、再び健康で明るくなりました。その慰めは現実的で効果的だったのです。非現実的なものから現実的なものが生まれることが可能でしょうか？

第三番目の考え方です——私は作家で、色々な登場人物を考え出します。この登場人物はただ私の想像力の中にいるだけです。しかし、私が彼らを小説の中に登場させると、彼らは読者によって「現実的」な存在として体験されます。あまりにも現実的なので、私が創作した人物が、読者によって彼らの現実の行動の模範とされたり、あるいは、読者がこれらの登場人物の一人を本当に好きになって、その死に本当の涙を流すということさえあります。想像力は、物質的な現実の内部に別の現実、精神的な現実をつくり出す創造的な力なのです。

ひとつこう尋ねてみましょう——愛とは現実的でしょうか？　愛を体験したことのある人は、愛が存在することを疑いません。一人の人間が体験すること、それが彼にとって現実的なのです。もし、ある人が一度も愛を体験したことがなければ、その人は、愛は存在しない、と言うことができます。たとえほかの人が反論しようと、彼は自分の意見を変えません。しかし、そのような人でさえも、愛のような何かが存在するに違いない、ということは感じているのです。なぜなら、愛は存在しないという彼の主張は、彼が愛を体験していないことに対する幻滅から生じているからです。本当は彼は愛を憧れているのです。しかし、人が憧れるのは、実際に存在している何かだけです。

もちろんのこと、あなたはここで叫び声をあげて、こう言うことでしょう――「つまり、あなたの狙いはこれだったのですね！　あなたの考えの結論はこうです――人間の神に対する欲求が、神が存在することを証明する、というわけです。でも、人間が神を憧れていると、誰があなたに言うのですか？　人間が憧れているものが何であり、人間が《神》という言葉で本当に考えているものが何であるか、誰がそれをあなたに言うのですか？　私たちが憧れているものは、むしろ自己実現ではないでしょうか？　私たちは、私たちがそうであり、そうなりうるところのものを、私たちの中から取り出して外に置き、それを神と呼んでいるのではありませんか？　神はただ単に人間の投影なのではありませんか？」

このことはあなた以前にすでに大勢の人たちが言いました。一九世紀の第一級の哲学者たちが言ったことです〔フォイエルバッハやマルクスなど〕。私は質問します――それがどうしたというのでしょう？　人間が神を「発明した」ということこそ、まさに神の存在の最善の証明ではないでしょうか？　それならば、神という理念がそれ以前に人間の中になければならないのではないでしょうか？　そして、この理念はどこから人間にやってきたのでしょう？　人間に神を発明させたものは、人間の内なる神的なものです。実際には、人間はもちろん神を「発明(erfinden)」したわけではありません、人間がそもそも何ものも自分の力ででっちあげる（erfinden）のではなく、すでに存在しているものを見いだす（finden）だけであるように。すべてのものは、人間の意識がそれを受容したときに、そこに存在するのです。

私にとって重要なのは、神が存在するか、という問いよりも、人間の中の神的なものをどうしたら開発できるか、という問いです。なぜなら、私たちの時代には、人間がもはや人間としては認められず、生産過程の歯車としてしか見られていないからです。この生産過程は人間から遊離し、人間がこの歯車機構の中で壊れるかどうかにはおかまいなしに、まったく自動的に進行しています。あなたは何度も聞いたり読んだりすることができるでしょうが、「人材」のことがよく話題になりますね。材は利用されます。材に価値があるのは、それが利用できる間だけです。ヒトラーは精神病院で精神病患者を毒薬注射で殺害させましたが、それは彼らが役に立たなかったからです。そして、戦争に駆り立てられるすべての若者たちは、戦争から利益を期待している連中にとっては、ただの「材料」です。そして、有毒な化学物質を扱う工場企業家が、労働者を中毒にさらすということを知っていながら彼らを雇うならば、企業家は労働者をまさに材料としてしか扱っていないのです。古代ローマの支配者たち、南米の白人支配者たちは、奴隷を人間としてではなく、材料として取り扱いました。そして国家機構は私たちすべてを、有益な人材と無用な人材に選別しようとしています。

しかし、奴隷たちも支配者たちを、「弾を食らわせて」もかまわない射的場の標的人形としてしか見ていません。彼らはそのように教育されてしまったので、人間の中に、神の子である人間の姿をもはや見られなくなったのです。

私たちの状態はこういうことです――私たちはもはや人間を信じていないので、もはや神を信じないのです。言い換えれば、私たちがもはや人間愛を持っていないので、神的なものを感受する感覚が私たちから失われてしまったのです。私たちが内なる神を殺したので、上なる神が死んだ、と私たちは考えるのです（「神は死んだ」はニーチェの有名な言葉）。

あなたは、あなたの神学者の叔父さんがあなたと「神の存在証明」について話をしたが、それらの証明はあなたを納得させなかった、と書いていますね。私が一四歳のとき、私たちは、ふだんはそんなに悪くない宗教の授業で、同じように神の存在証明をひととおり勉強しました。すでにそのころから私は宗教的、神学的問題に関心を持っていましたので、私はたいへん注意深く聞いていました。しかし、私はついにもう黙っていられなくなりました。私は叫びました。

「先生、そういうことすべてに納得できるのは、どのみち信じている人だけです。しかし、そういうことを簡単に信じられない人はどうしたらいいのでしょう？」

宗教の先生はびっくりしました――彼は私の質問に信仰に対する疑念を聞き取り、私が将来無神論者になると考えました。

私は信仰に対する疑念など全然持っていませんでした。なぜなら、私は宗教的であって、宗教的であるからこそ、信仰に対する疑念を持っている人たちに、神が本当に存在するということをどうしたら納得させられるか、そのことを見いだしたかったからです。私はすでに宗教について多くのことを理解していましたから、知的な神学的「証明」では全然証明にはならない、ということがわかっていました。神は体験されなければならないのです。

今日では私は、まさに神を求める人々こそ「信仰に対する疑念」をいだく、ということを知っています。このような疑念は許されています。私たちは思考する人間であり、信仰問題と真剣に取り組むことが許されてしかるべきです。あなたがあなたのご両親に対し、自分たちの信仰に関する真の考察を避けて通った、という点を非難するとき、あなたは完全に正しいのです。あなたは深く考えたいと思っています。ですから、よく考えてみて下さい。深く考えない人は、疑念も持ちません。疑念を通り抜けた人にしてはじめて、信ずることができるのです。

あなたはそのことを直接には書いていませんでしたが、あなたの手紙にはこういう質問が含まれています――私が神を信じているかどうか、という質問です。私の答えは――はい、私は神を信じています、というものです。それは私が人間を愛しているからです。人間に対する私の愛によって、私は人間の中の神を認識するのです。内なる神を認識するので、私は上なる神も認識するのです。

この答えがいくらかあなたの参考になったでしょうか？

第三章　どのようにして神を「体験」できるか

質問「ぼくは神を信じていないわけではありません。心のどこかで、ぼくは神が存在するということを知っています。しかし、神はいつでもぼくからするりと離れてゆき、神がぼくにとって真に現実的なものにはならないのです。人は神をもっと直接的に体験しなければならない、とでもいった気がぼくはします。ちょうど周囲の現実世界や一人の人間のようにありありとです。神をそのように体験する人々がいるに違いありません。それは神秘主義者と呼ばれる人たちです。しかし、そういう人は例外ですし、彼らがヒステリー患者や空想家ではないか、ということは決して正しくはわかりません。しかしぼくは、あらゆる確実性をもって神が存在する、とわかるような形で実際に神を体験できるのだ、という考えを振り払うことができないのです」

たしかに、神を直接的な現実として体験した人々が存在します。旧約聖書には、モーセが神を燃える茨の茂みの中に見た、と伝えられています。マホメットが見たのはアラー、つまり神ご自身ではありませんでしたが、神の使者である大天使ガブリエル〔ミカエル、ラファエル、ウリエルとともに四大天使の一人。旧約聖書ではダニエル記第八章、九章に、新約聖書ではルカ福音書第一章に登場する。イスラム教では、マホメットは天使ガブリエルから神の言葉を伝えられたとされている〕を大いなる光として見ました。フランスの数学者、物理学者のパスカルは、ある日、いかなる自然的光源も持たない光を見て、それが神であるということを知りました〔パスカルの『覚え書き』に記されている「火。アブラハムの神、イサクの神、ヤコブの神。哲学者および学者の神にあらず」という一六五四年の回心の体験を指している〕。エジプトの大統領のサダト氏〔一九一八年生まれ。大統領在職中、一九八一年に暗殺された〕は彼の自叙伝の中で、なんらはばかるところなくまったく冷静に、次のように報告しています。彼は若いころ、革命家、イギリスの植民地支配者に抵抗する戦士でした。逮捕されたとき、彼は突然牢獄の中で神の臨在を非常に強く体験したので、彼には壁が広がったように思われ、自分はもはや囚人ではなく、ひとりでもないと感じ、絶望もせず、それどころかまさしく喜びを感じたというのです。

インドの（ヨーロッパ的な知的教育を受けた）哲学者オーロビンド〔一八七二〜一九五〇年。ヨーロッパ的知性とヨガを結びつけたインドの聖者。「超意識」の存在を説いた。主著は『聖なる生活』〕は、同じようにイギリスの植民地支配者と戦う闘士として投獄され、牢獄の中で、インドの解放にもはや積極的に参加できないことに絶望していました。彼はまた、自分を待ちうけている裁判をひたすら恐れていました。目の前が真っ暗になっていたとき、彼は突然ある声を聞きました。「私が欲しないものは何もお前には起こらないであろう」。そのとき彼は、ある力が圧倒的な勢いをもって自分の中に流入し、その力が彼に落ち着きと自信を与えたのを感じました。それから彼は裁判でも実に平静で、彼は裁判官の中にも神的な火花を見ることができました。予想に反して、彼は無罪判決を受けました。

中世ドイツの神秘主義者ヤーコプ・ベーメ（一五七五～一六二四。神は悪も含むと考えた。主著は『アウローラ（黎明）』）は、ある日、真鍮の大皿に見入っていて、神を認識しました。そのような体験がどのように生ずるのかを説明することはできません。ただ、神的なエネルギーは常住いたるところに存在し、それを受け取る用意のある人間はそれを体験するのだ、と言えるだけです。

あるいは、その人が全然その用意のないときでも……。私が考えているのは、のちに使徒パウロとなったサウロのことです。彼はパレスチナのユダヤ人高官で、キリスト教徒を憎んでいました。キリスト教徒は、ユダヤ教徒である彼にとっては、民族の敵であり神の冒瀆者でした。彼はちょうどキリスト教徒の処刑から帰ってきたところでした。そのとき、彼の馬がおびえて暴れました。天から光がさし、彼は転落し、盲目になり、心の奥底まで神の呼びかけに震撼させられました。外面的に見れば、この男はそのような体験をする用意は全然ありませんでした。しかし、その自覚なしに、明らかに彼の決定的な時が来ていたのです。神を直接的に体験した人たちは、彼らが見た光や、彼らが聞いた声について語っています。しかし、彼らはまた常に、これらの言葉はいわく言いがたいものを言い表わすための補助的な表現にすぎない、とも語っています。

いったいどのような感覚器官で神的なものは知覚されるのでしょう?

人は、私は神を見る(sehen)、とは言わずに、私は神を観る(schauen)、と言います。見るのは肉体的な目によってですが、観るのは内部の目によってです。私たちは物質的肉体の五感を持っていますが、非物質的なものを知覚する内的な感覚も持っています。これらの感覚を発達させた人は、見えないものを見、聞こえないものを聞き、理解不可能なものを感受することができるのです。

このことは今日私たちにとっては、実際のところ、未知の現象ではありません。というのは、私たちはすべて少しばかり「超心理学」のことを勉強し、サイ〔超心理学的な現象〕についていくらか知っているからです。私たちが一面的な教育を受けていなかったなら、私たちはすべて「霊視者」や「霊聴者」であるのかもしれないのです——今日では私たちの知性だけが働いていますが、知性は私たちの最良の機能ではありません。子供たちやいわゆる狂人たちは今日でもなお、非物質的な存在者を知覚する能力を持っています。まだ学校教育によって駄目にされていない子供たちは、天使や妖精の姿を見ることが知られています。人々が彼らのことを一度嘘つきと呼んだり、もの笑いにしたので、彼らはそれを言わないだけなのです。実際には、この地上には微妙な物質でできた存在者が住んでいるのです。天使の存在をキリスト教徒やイスラム教徒はまったく公式に信じています。

彼らは正しいのであって、そのような信仰にけちがつけられ、私たちから失われるようなことになってはなりません。ロボットというのは完全に機械化され、精神が空虚になった世界の集約的な表現ですが、このロボットが支配する世界の中で、私たちはそのような信仰がすでに十分にとぼしくなっているのですから。

うん、とそのとき社会学専攻の学生であるNが言います。それはそうかもしれないが、ぼくはそのような体験に対するL君の欲求が理解できないな。ぼくにとってはどのみち人間だけで十分だからだよ。ぼくが意味しているのは、イエスが最後の審判に関する物語の中で言ったことだ――そこでは人々が二つのグループに分けられ、イエスが一方のグループにこう言う――こちらに来なさい、私の友人たちよ、あなたたちは、私が飢えていたときに食べさせてくれた。私が病気で悲しんでいたときに、私を見舞ってくれた。私が牢にいたときに訪ねてきてくれた……。そして、別の人たちにはこう言う――離れろ、そこの者たち、お前たちは私が飢えているのを見ながら、そのそばを通り過ぎて豪勢な夕食を食べに行き、私が牢に入れられたときには、私に唾を吐きかけた。そして私がついに十字架にかかり、口がきけなくなり、とうとう死んでしまったときには、お前たちは喜んだではないか。そうすると、両方のグループはびっくりする——でも、私たちはあなたを一度も見ませんでしたよ！　そうか、とイエスは言う、お前たちは私を一度も見なかったのか？　お前たちが出会ったすべての人間の中に私はいたのだ！　お前たちが飢えさせた人は私であり、お前たちが拷問にかけた人は私なのだ！〔マタイ福音書二五章〕隣人の中の、すべての存在者の中のイエス——これがぼくの神体験だよ。

　これに対しては私はただこう言えるだけです——あなたの言うことは正しい！　そして、マルクスが私たちの視線を天から地へと力ずくで向け変え、今ここで労働せよ！　君たちの生きる場は地上であり、君たちの愛は人間に向けられなければならない、と私たちに言ったとき、マルクスは正しかったのです。——彼の言うことは今なお正しいのではないでしょうか？　キリスト教徒は、自分をごまかして教会の中に逃げ込み、世界の悲惨を回避しているのではないでしょうか？

　そうだ、とLは言います。しかし「社会主義」は、それがどれほど不可欠であり、ぼくたちがそれにどれほど恩義を受けていても、人間のすべての欲求を満たすことができるだろうか？人間は社会主義的社会の一市民以上のものでありたい、という欲求を持っているのではないだろうか——たとえ、社会主義的社会が最善の形で実現された場合でも？　人間は社会を超えて、宇宙と結びつき、神を体験したいという欲求を持っているのではないだろうか？

　そうだね、とNは嘲笑的に言います、そうだね、そこであらゆる年齢の人々はどこかのグルを追っかけ、呼吸法を学び、一生懸命、空中浮揚を学ぶというわけなのか〔ＴＭのマハリシは超越瞑想によって人間は空中浮揚できると教えていた。一九八〇年前後、この話題がドイツのマスコミをにぎわせていた〕。空中浮揚だぜ！　まるでそれが単なる逃避じゃないかのように！　われわれの時代にそんなエリート的な神体験が、まあ、それがそもそも神体験であるとしての話だけれど、そんな体験がまだ許されてでもいるかのように！　そういう連中は、ちょうど昔の荒野の苦行者たち〔初期キリスト教時代に荒野で苦行したキリスト教徒〕と同じように、彼らのグルと一緒に時代を素通りして生きているんだ。

あなたは正しい！　私もこの種のセンセーショナルな宗教的体験には反対です。もっとも、空の心境に到達するために、私も呼吸法を行ないます。しかし、私はそれを電話のそばでするのです。おわかりですか？　電話がかかってくれば、私は喜んで瞑想を中断し、いかなる「神体験」も放棄します。人間が私の神体験です。人間に対するささやかな奉仕を素通りして、コントロールのきかない危険な高みに飛び上がることは、私には許されていません。それでも別の体験がやってくるなら、それはそれで結構なことです。

しかし、とＬは言います。もしそのような霊的な体験をすることが大切でないのなら、東洋の聖者、賢者たちはそれを得るためにいったいなぜあんなに努力するのだろう？　サマージ〔三昧・深い瞑想の状態〕とか悟りという形で体験するエクスタシーは、人間がそもそも地上で体験できる最高の境地なのではないだろうか？

私が何か別のことを言いましたか？　私が言ったのはただ、最初に来るのは人間に対する奉仕である、ということだけです。そのほかのすべてのものはまったくの恩寵です。おまけです！

あるとき、アビラの偉大な聖テレサ〔一五一五〜八二。スペインのカルメル会修道尼。偉大な神秘家にして、当時のカトリック教会の改革者〕に仕えていた尼僧たちが、瞑想の時間が少なすぎる、と不平を言ったことがありました。テレサはちょうどパンケーキを焼いていました。彼女はそれを裏返しにするために、パンケーキをフライパンから高くほうり上げ、こう言いました。「パンケーキをほうり上げ、それを受け取る間に神を体験できない人は、神を全然体験できません」

それでいながら、彼女は偉大な神秘主義者であったのです！

さらにもうひとつ、昔の中国の物語をつけ加えましょう――毎年、仏陀の誕生日が盛大なお祭りで祝われるとき、仏陀は人々の間に姿を現わします。どうやって仏陀だということがわかるのでしょう？　彼は乞食や、金持ちや、男や、女や、子供や、それどころか犬の姿をしてやってくるかもしれません。その人に善行を施しなさい！　その人がまさに彼であるということは、その人があなたの目の前でかき消えてしまう、ということでわかります。そのときあなたは知るのです――それが仏陀であったということを。

しかし、とLはくいさがります――でも、直接的な神体験を行なうために、何かをつけ加えて行なうことができるに違いない。しかし、それは何だろうか？

さて、あなたは壺を持っていて、その壺で水を汲もうとするとします。あなたは井戸に行きますが、水を汲めません。なぜでしょう？　それは壺がもういっぱいだからです、かけらや土くれによって。壺がエゴイズムや、羨望や、闘争心や、嫉妬心等々で、つまりあなたの自我によっていっぱいであれば、ほかのものは何も中に入れません。おわかりでしょうか？　それが答えです。自分の心を空っぽにすることは、多くの人々には実に難しいことです。それがどうしてもできない人も多いし、まず壺が壊されて、それから壺の破片でようやく水が汲めるようになる、というようにならなければならない人も多いのです――つまり、多くの人はまず、彼らの心を引き裂いて開ける不幸を体験しなければなりません。病気になったり、社会的な「名誉」を失ったり、牢獄に入ったり、死に瀕しなければならない人も多いのです。自我を引き裂くことなしには神の体験はできません。直接的な神体験への道は苦悩の中を通っているのです。

しかし、私たちは冷静な（ヘルダーリンが歌ったように「神聖にして冷静な」〔ドイツの詩人ヘルダーリンの詩「生の半ば」の表現〕）主張のもとにとどまりましょう――神への道は人間である、という主張です。

「ウビ・カリタス・ウビ・デウス」という古いラテン語の言葉があります〔リンザーは《ubi caritas, ubi Deus》と書いているが、ラテン語の語法からすれば《ubi caritas, ibi Deus》とするべきであろう〕。

愛のあるところに神はある、という意味です。

第四章　神観念について

質問「私の質問が馬鹿げていて、子供っぽいということは私も感じています。でも、私の年齢のほかの人たちもこの問題に頭を悩ませていることを、私は知っています。私たちの宗教の先生はこう言います――神というものは想い描くことができないもので、神が表象不可能、理解不可能であることはまさに神の本質なのだ、と。私たちはそのことがなんとなくわかります。しかしそうなると、神は私たちからただ遠ざかってしまうだけになります。もちろん私たちは、神が王座に座っている髭を生やしたおじいさんではない、ということは知っています。しかし、神が全然とっかかりがない存在であれば、私たちはほかにどうやって神とつきあうことができるというのでしょう？」

一五歳の女生徒のこの手紙とほとんど同時に、神体験の問題に関する私の手紙への返答の手紙が届きました。手紙の主は私の回答に満足しておりません。

「あなたはいつでもイメージを用いることによって、おそらく問題をあまりに単純化しているのです。あなたは、神は光であり、人間は自分の中に神的な光を持っている、と主張しています。そして、神秘主義者のヤーコプ・ベーメが真鍮の大皿の中に神を観たと言及されていますが、そのときあなたはまったく主観的な体験について語っているのであって、それらの体験に何か現実的なものが対応していることを、誰も保証することはできません。ぼくはそのようなイメージによって混乱させられます。ぼくはイメージはもういりません」

私はこの二通の手紙に、できるだけまとめて答えようと思います。女生徒のMさんは神のイメージを欲しており、K君はそれを拒絶しています。Kは抽象的頭脳の人間で、数学を勉強するつもりです。さらに、MはKより年下で、視覚型の芸術的な人間です。くわえて、Kはヴェストファーレン〔ドイツ西部の地方。伝統的にカトリックが強い〕の厳格なカトリックの家庭の出身です。彼は神様と聖者たちの像にかこまれて育ちました。彼はまさしく特定の神観念を強制されたのです――神は父、王様、裁判官であり、イエスは飼い葉桶の赤ちゃん、センチメンタルな眼差しの「イエスの聖心」像〔キリストの愛の象徴としてのイエスの心臓への崇敬から生まれたカトリックの絵画で、元来はイエスの心臓が描かれていたが、今日ではそれとは無関係にキッチュなイエス像とほとんど同義に使われる〕、あるいは母マリアの膝の上に横たわる亡きがらです。これらのしばしばキッチュなイメージが、彼の宗教観念を台無しにしてしまいました。彼が宗教を投げ捨ててしまわないで、山積みの形象世界を切り抜けて、真の神を把握しようとしていることは驚くべきことです。

多くの人々がそうなります。彼らは絵画や彫刻や言葉の中の神の形象に飽き飽きしています。すでに神という言葉だけでも、彼らの中に嫌悪感が目覚めます。神という名称がすりきれてしまっているのと同じように、彼らには神そのものもすりきれているように思われるのです。「神は死んだ」のでしょうか――いいえ、神の古い観念だけが時代遅れになったのです。

旧約聖書のユダヤ人と初期のイスラム教徒には、神の像を作ることは厳しく禁じられていました。彼らはそのことによって、石や金属から像を作り、それを神として拝んだ「異教徒」から、自分たちを意識的に区別したのです（異教徒が本当にひとつの像を神そのものと同一視したかどうか、断定してはならないのですが）。しかし、ユダヤ人のように高度に精神的で抽象化に傾く民族でさえ、神を物質の中に体験したのです――燃える茨の茂みや、火の雲や、契約の櫃の中の凝縮されたエネルギーとして（いずれも出エジプト記や民数記の記述）。しかし、そこには相違がありました――彼らには神的なものがそのようにして現われましたが、彼ら自身はその像を作りませんでした。

たとえ彼らが像を作らなかったとしても、彼らは像なしにはやってゆけませんでした。聖書は人間の神との出会いに関する物語で満ちています——アブラハムが彼の息子を犠牲に捧げようとしたとき、神は彼に「手を下すな」と叫びました。ヨブ記では、人間が神と、人間を相手にするのと同じような調子で話しています。ヨブは神と口論し、神を非難しています。ソロモンが獣のいけにえを捧げたとき、天から火が降り、それを焼き尽くし、「祭司たちは主の神殿に入ることができなかった。というのは主の栄光が主の神殿を満たしたからである」（列王記第八章、歴代誌下第七章）。大洪水の前には神が現われ、ノアに警告し、大きな船を作るように彼に忠告を与えました。そのほかにも色々あります。ユダヤ人も形象なしにはやってゆけなかったのです。人間は形象を必要としています。さもないと、彼は把握不可能なもの、理解不可能なものへの不安のために死んでしまいます。

いわゆる原始宗教では、自然の諸力の中に神々を見いだします——火を火にするのは火の神です。雷を鳴らすのは雷神ですし、太陽の中で輝いているのは太陽神です……。こういう考えはそんなに間違いだったのでしょうか？　いかなる自然現象にも神的なエネルギーが現われています。神の中で一体の力として作用しているエネルギーを、人々はいわば神々に分割して、それらを崇拝したのです。すべての神々は一神、生命の普遍的な根源である唯一人格神の中にあるのです。

したがって、神をすべてを照らし出す光や、すべてのものを吹きわたる実り豊かな風や、それによってすべてのものが充電されている一種の電気として考えることは、間違ったことではありません。

このようなイメージは、それを必要とする人には有用なものです。しかし私たちは、それが形象である、ということを知っていなければなりません。

もし私たちが愛する誰かに黄金のハートを贈れば、贈られた人はその意味を理解します――金属のハートは贈り手の脈打つ心臓の形象であり象徴です。そして、心臓はまた愛の「座」、愛そのものの象徴です。

私たちは記号、象徴を用いて生きています――私たちは指輪を交換し、そのことによって私たちの生命の輪を結びつけます。私たちは赤いバラを贈り、そのことによって私たちの恋愛感情を表わします。貨幣でさえ記号的価値を持っているにすぎません。それ自体では、貨幣は汚れた紙切れであったり、使い古された金属片にすぎません。根本的には、私たちはそもそもただ記号の中で生きているにすぎません。私たちの言語も記号的なものです――それ自体では母音と子音の連続であるにすぎないのですが、それは存在するすべてのものを表現します。私たちの外面的表現はすべて内面的過程の記号です。私たちの全外的存在は私たちの精神的存在の記号です。そういうわけで、全被造物は創造者の記号なのです。そこで、人間は全被造物に対する記号であり、創造者に対する記号なのです。

しかし、神は何かに「似て」はいません。神は何ものとも異なっています。神はただ神自身に似ているだけです。人間が神に似ているのは、人間が霊的な意識を持っているからであり、創造力を持っているからであり、自由に決断できるからであり、霊として不死であるからであり、愛することができるからです。

しかし、とMは言います。イエスはこう言ったではありませんか、「私を見る者は父を見るのである」と。「でもイエスはやっぱり人間だったのでしょう」

その通りです――神は私たちに人間として現われました。神は本当に人間になったのです。神はただ人間になったふりをしたのではありません。神は私たちの苦しみを苦しみ、私たちの人生を生きたのです。しかし、彼の神存在は彼の人間存在の中にすべて現われつくしてはいませんでした。イエスが言おうとしたのはこういうことです――私、人間イエスの中に、神は偉大なる愛の担い手として自己を現わしているのだ、ということです。

神をイメージをもって考えるか、そしてどのようにイメージするかは、メンタリティの問題です。人はすべてを自分の人格の鏡に映し出して見るものです。しかし、個人の人格は、時代や、その人が生きている文化圏によって形成されています。私たち西洋人の神の像は、まさにただ私たちだけの西洋的神観念にすぎません。しかし、すべては神にとっては単なる形象にしかなりえないのですから、それを形象として受け取るかぎり、この形象もまた正しいのです。すべてのの人は、その人のできるやり方で、神を想い描いていると私は考えます。肝心なことは、私たちが神と名づけるこの神秘とそもそも結びつきを持つことであるのです。

第五章　神を信じなければならないか

質問「ぼくは信念をもった無神論者ではありません。ぼくは神と呼ぶことのできる至高の存在を信じています。しかしぼくは、そのような信仰は自発的に育ったものでなければならないし、それを持つように命令することはできないと思います。信じない人を処罰で脅してはならないと思います、地上の処罰によっても、いわゆる彼岸における処罰によっても。ぼくの父はプロテスタントの牧師で、ぼくは父を尊敬しています。しかし、不信仰者は呪われている、と父が言うとき、ぼくは同意できません。ぼくは一七歳で、まだわが家の家風に強くとらわれています。しかし、このような見解からはそろそろ自由にならなければならない、と感じています。神を信じなければならないのかどうか、あなたの考えを教えて下さいませんか」

信じなければならないということはありません！　そもそも、しなければならない、ということは何もないのです。人間は自由です。もっとも、自分が何をし何をしていないか、ということは知っていて、その結果を自分に引き受ける用意はなければなりません。

しかしまず最初に、神を信じるとか神を信じないとかということは何を意味するのか、そのことをよく考えてみましょう。

信仰といい不信仰といっても、色々な種類があります。

自己の立場を神の存在の厳密な否定として哲学的に表明する明白な不信仰が存在します。この理論的無神論は、探究可能な物質的現象世界の外には何も存在しない、と言います。異教的時代には稲妻や雷が電気的現象だとはわからず、それを神の怒りのせいにしたのと同じように、「神」というのは、これまで自然科学が解明できていないものに対する名称にすぎない。すっかり科学的に解明された世界は、神などという補助概念はもはや必要としない。それと同じように、完全に社会主義化された社会も、あらゆるものの供給者であり、報賞者であり処罰者である、目に見えない「全能の」支配神など必要としない。成熟した社会がこの役割を十分に引き受けることができる、というわけです。また、神というのは金持ちと権力者の発明だ、と言う人もいます――反抗的な人々、啓蒙化された人々、貧しい人々を抑圧する手段である。神は戦争の命令者や、普遍的な人権を擁護する人々に対する暴力的な抑圧の命令者として利用されざるをえない、というわけです。

神は抑圧された人々の発明したものである、と言う人もいます――彼らは慰め手を必要としている。「民衆のための阿片」〔マルクス『ヘーゲル法哲学批判序説』。ただし正確にはマルクスは「民衆の阿片」と書いている〕を必要としている。つまり、神への信仰は、彼らの悲惨さを神の意志による運命として甘受するのを助けてくれる、というわけです。マルクスは宗教のこのような麻薬的作用に対して戦いを挑みました。彼にとって重要であったのは、信仰を根絶することではありませんでした。彼は「神を殺そう」としたのではありません。しかし彼は、人々にショックを与えて、麻酔状態から覚醒させなければなりませんでした――神が君のために何かをしてくれるわけではない、君自身が何かをしなければならないのだ、というわけです（注目すべきことは、六〇年間にわたる無神論的マルクス主義も、ソ連において神への信仰を根絶できなかったことです）。

神のようなものが存在する可能性はあるが、しかしそれは絶対に認識不可能であり、したがって人間には到達不可能であり、重要なものでもない、現世的・認識可能なものがわれわれの唯一の世界だ、と言う人もいます。

神の存在は証明することもできないし、論理的に否定することもできない、だからその問題はそのままほうっておくのがよいのだ、と言う人もいます。

そして、神を信じている、とは言うものの、まるで神が存在しないかのような生き方をしている人が大勢おります。これは実践的無神論であり、理論的無神論よりもっとたちが悪いのです。なぜなら、神を明白に否定するためには、思索と精神的自由が前提とされるからです。神を、かまう必要のないい気のいいおじいちゃんにしておくことは、生活の中で真の無神論を実践していることです。この無神論は私たちの時代に似つかわしいものです。あるいはむしろ、徐々に終焉に向かっている時代に似つかわしい、と言うべきでしょうか。すなわち、自然科学独裁の時代です。私たちはすべて、自然科学者がお告げになることを信ずる傾向があります。私たちは一度も原子を見たことはありませんが、そういうものが存在する、と信じています。私たちは一度も核酸を見たことがありませんが、核酸がある、と信じています。

しかし、とあなたは言うことでしょう。それらの事物は検証し、証明することができるではないか。まさにそうするために自然科学者はいるのだ。そういうことを知っているのは彼らであって、私たちは彼らの言うことを信じなければならないのだ、と。

その通りです。しかし、物理学（Physik）のかわりに形而上学（Meta-Physik）について知っている人々がいたらどうでしょう〔アリストテレスの著作で「自然学（physica）」のあと（meta）に置かれた、存在としての存在、真理そのものを考察する部分が、「形而上学（metaphysica）」と呼ばれた。リンザーはこの語を自然科学を超えた、霊的世界に関する学という意味で用いている〕？　自然科学者が彼らの研究成果について確信を持っているのと同じくらいに、神体験について確信を持っている人々がいたらどうでしょう？　自然科学者が認識しているのは、私たちの現世的世界の外面だけであり、しかしその本来の意味構造については認識していないのだ、ということを知っている人々がいるとしたらどうでしょう？　もちろん、自然科学の成果は宗教的人間の思弁よりも確実だ、と言うことはできます。物理学者や生化学者の言うことは、いずれにせよ基本的には検証できるが、宗教的人間が彼らの形而上的体験として紹介するものは検証不可能だ、というわけです。

その通りです。検証可能ではありません。しかし、追体験は可能です。すなわち、彼らと同じように生きようと試みれば追体験可能です。宗教的信仰は思考の事柄ではなく、生の事柄です。人は宗教を生きるのです。もちろん、宗教について考えることもできますが、それは神学です。しかし、神学者は必ずしも宗教的人間ではありません――残念ながら。マルクス主義的思想家が彼の人生においてはよきキリスト者、つまり人々に対する愛に満ちた人間であることが可能であるのと同じように、キリスト教神学者が無神論者であることもありえます。

プロテスタントの女性神学者ドロテー・ゼレ（一九二九～二〇〇三）は、「無神論的に神を信仰する」という言葉を造りました。

この言葉によって彼女は何を意味しているのでしょう？　まったく単純にこういうことです――すなわち、神が存在しないかのように善く行動する、ということです。いずれにせよ、世界の悲惨さに対する責任を負わせることができ、私たちが無力なところでは手助けに飛び込んでくれる、そういう神はいないかのように行動する、ということです。

私はそれを少し違った言い方で言ってみます――神を信ずるとは人間を信ずることであり、人間のために希望することであり、人間を愛することであり、人間のために責任を担うことなのです。

しかし、この人間への愛は、神への信仰を排除するものではなく、それを含み込むものです。ただし、それは以前の信仰とは異なった信仰なのです。私たちはかつて宗教と信仰をまったく同一のものと見なしていたと思います。しかし、明確な「信仰」を持っている人々よりも、宗教的である人間のほうがはるかに多いのです。このことを説明してみましょう。

古代ギリシャ人は彼らの神々の天蓋を持っており、彼らの生活は、すべての些細な行動にいたるまで、ゼウスや、アテナや、アレス等々の神々への信仰によって定められていました。人々はそれぞれの神に、それぞれの特性とそれに応じた管轄領域を付与し、困ったときにはその所轄の神様に嘆願しました。徐々に神々の天蓋はその「現実性」を失い、神々への信仰はその生活規定力を失いました。人間の意識はそのような信仰を超えて発達したのです――人々は多くの神々のかわりに、ひとつの神を、しかも人格神を信じ始めました。それはギリシャの人格の観念に対応していました。そのことによって意味されているのは、人間的人格などではなく、自分自身とまったく一体でありながら、意識的に他者に向かい、彼らのパートナーになれる存在者でした。東洋の諸民族、ヒンドゥー教徒や仏教徒は人格神を持っておらず、「運命」のような非人格的な力〔いわゆるカルマ、因縁因果〕を信じています。これはたしかに重大な相違ですが、信仰者にとってはるかに重要なのは、人生に意味を与えることのできる「何か」がそもそも存在する、ということです。私たち西洋人には神が人格として表象される結果、多くの人々が神を一種のスーパーマンと見なすことになりました——神はすべてを知り、すべてを見通し、すべてができるスーパーマンだというわけです。

神はスーパーマンではありません。神は人間ではありません。神はまったくの他者ですが、それにもかかわらず、私たちが望めば私たちのパートナーになることができるのです（それどころか、私たちが神を否定しても、私たちのパートナーであるのです！）。

私がしばしば経験したところですが、人々が神を信ずることができないと考えているのは、彼らが間違った神観念を持っているからです。

それでは正しい神観念、あるいは間違いの少ない神観念とはどのようなものなのでしょうか？

私の人生の一時期、自分は信仰を失ってしまった、と思ったときがありました。ただなんとなく信仰がなくなってしまったように思われたのです。私はもう神に関心がなくなってしまいました。それはひとつの感情でした。しかし私は、信仰を否定する論拠も意識的に求め始めました。しばらくして、私は深い抑鬱状態におそわれました。私は、それが私の「不信仰」の結果である、ということがわかりました。しかし、過去の人生の時期との別れにつきものの痛みというこの段階を、自分はどうしても通り抜けなければならないのだ、と私は自分に言い聞かせました。それは陰鬱な時期でした。そのとき、ある夜、私はこんな夢を見ました――私は一種の巨大な空洞の前に立っていましたが、その空洞はどんどん拡大し、ついにはもう空洞さえもなくなり、ただまったくの無になってしまいました。私は夢の中でわかりました――これは虚無だ、と。私はものすごい恐怖を感じました。私は逃げようとしましたが、できませんでした。私は、このようにしてはこれ以上生きることができない、ということがわかりました。突然、空洞の手前の縁に（言ってみればそうも言えるということです。実際にはまさに虚無以外には何も存在しなかったのです）光の姿が見えました。それは人間ほどの大きさでした。しかし、その姿は急速に大きくなり、無限の空間をその光でどんどん満たしてゆきました。ついには光明一元になりました。私は救われたと感じました。

私はキリスト教徒ですから、この光の姿はキリストに思われました。もし私が仏教徒であれば、私はそれをヴィシュヌ神〔ヒンドゥー教の三主神のひとつ。世界維持と慈悲の神。仏教の菩薩思想に影響を与えてはいるが、仏教徒がヴィシュヌ神を信ずるというのはリンザーの誤解であろう〕だと思ったでしょう。もし私がイスラム教徒であれば、私はアラーの使者、大天使ガブリエルを見たことでしょう。その光にどのような名前をつけるにせよ、それは人間の大いなる憧憬に対する答えなのです。

そしてあなたは、神を信じなければならないか、と尋ねています。あなたは信じてよろしいのです！　しかし、もし信ずることができないならば？　しかし、信じない、とはどういうことを意味するのでしょう？　私は、信じるという言葉のかわりに、希望すると愛するという言葉を用います。そのほうが理解しやすいし、核心を言い表わしてもいます。

信じるようにと教えられた神を信じない人は、だからといってまだ無神論者ではありません。そのような人は自分自身の神を見いだすまで、徹底的に考え抜き、感じ抜き、憧れ抜かなければなりません。実際のところ、正統神学的な意味で信仰している人も、彼自身の神のイメージを持っているのです。大切なことは、それどころか唯一大切なことは、これです——この神への信仰から首尾一貫した帰結を導き出すことです。すなわち、神を考えるのではなく、神を生きることです。それはどういうことでしょう？　イエスがそれを私たちに語っています。彼は数多い信仰規定と生活文化規定のかわりに、たったひとつの戒めを私たちに与えました——「神と人間を愛せ」ということです〔マタイ二二章、マルコ一二章、ルカ一〇章〕。しかしこれは、全存在を愛し、すべての人々、すべての存在との一体性の中で生きよ、ということを意味しています。

神と愛とが互いにどれほど深く関係しているかということを、最近ある三〇歳の女性が私に語ってくれました。彼女はそれまで自分のことを無神論者で、「幻想を持たない現実主義者」である、と称していました。ある日、彼女はすっかり様子が変わって私のところにやってきました。彼女は愛する男性を見つけたのですが、この恋愛の中で突然再び、彼女が言うには、「神を体験」したというのです――硬くて狭い自我の核心がはじけとび、それが宇宙へと拡大したというのです。彼女が体験したのは、このひとりの男性への愛だけではなく、愛そのものであったのです。そして彼女はこの体験に、神、という名称を与えました。彼女は語りました――私は神を再発見しました、と。

彼女は愛する力を再発見したのです。

フランスの哲学者サルトルは書きました――「地獄、それは他人だ」（戯曲『出口なし』）。私はこう言います――「天国、それは人々に対する愛である」。私は、こういう大きな嘆きの叫びをあげている手紙をよく受け取ります――「私は信じたいが、それができない」

神を失っているとは、宗教の授業で教えられた神を信じないことではなく、愛することができないということです。

それでは、このような人々をどのようにして「神」のもとへ連れてゆくことができるでしょう？　それは、愛が存在する、ということを彼らに示すことによってです。

そのような人々に教会の教理について語ることはあまり意味がありません。そんなことは全然彼らの役には立ちません。人々に神の存在を確信させる唯一のことは、愛深い人間との出会いです。人間愛の体験のみが不信仰者の中に神への信仰を目覚めさせ、その信仰が他者のために尽くすように人々を動かすのです。

あなたの質問に正確に答えるならば、こういうことになるでしょう――あなたは神を信じなければならないということはありません。あなたは神を生きなければなりません、あなたの同胞である人々を愛することによって。

第六章　イエスとはいったい何者か

質問「ぼくは一学期間アメリカに行って、そこでもちろんジーザス・ピープル〔アメリカのキリスト教系新宗教〕といくらか関係しました。そしてぼくはもちろんしばらくの間、ジーザス・クライスト・スーパースター〔イエス・キリストを主人公にしたロック・ミュージカル〕のレコード以外なんにも聴きませんでした。そしてぼくはしばらくの間、そのすべてにとりこになってしまいました。しかし、ぼくはまたそれにいら立ちも感じました。まず第一に、ぼくは性格的に醒めたほうで、こうした非合理的な運動があんまり好きではありません。そして第二に、ぼくは理性から生まれる抵抗感をいつも感じていました。ここには何か誤解があるぞ、とぼくは独り言を言っていました。彼らは自分の中の何かを外に投影して、ひとつのイエス像を作り上げているんです。解放や、まったく別の存在や、現実社会からの離脱などに対する漠然とした観念や憧れなどをです。しかし、それも受動的で、自分の努力がないんです。きっとぼくの表現の仕方はまずいと思いますが、ぼくの意味していることは多分理解して下さるでしょう。ぼくは、このジーザス・スーパースターは本当は誰だったのか、そして、彼はそもそも歴史的人物として存在したのか、と疑問に思っています」

一九世紀から学問的な「イエスの生涯・研究」が存在して以来、イエスという男が存在したことは、私たちは証明された事実として安心して受け入れることができますよ。彼はパレスチナに、その土地がローマ人に占領されていた時代に生きていました。彼は政治的に危険だというかどで、といっても、ローマ人にとってではなく、ユダヤ人にとって危険という理由で、死刑になりました。私たちは彼の生涯の期間も確定できます。なぜかといいますと、その期間はローマ人ポンテオ・ピラトがパレスチナの総督であった時代である、ということを私たちが知っているからです。また、それを示す歴史的な資料もあります。ヨセフス・フラヴィウス〔紀元一世紀のユダヤ人年代記作家。著書としては『ユダヤ戦記』、『ユダヤ古代誌』が有名〕とかいう人の書いた報告です。

そこで、私たちは知っているわけです――イエスが実際に生きていた、ということを。しかし、こういう確認によって私たちは何を開始するのでしょう? そういう人間が生きていたとか生きていないとかということが、私たちにどういうかかわりがあるのでしょう? 彼は私たちの心を強くとらえる美しい作り話の主人公なのかもしれません。それとも違うのでしょうか? 私たちが「福音書」として知っている彼の教えは、ただ昔の物語を寄せ集めたものにすぎない、という可能性はないのでしょうか？　彼のものだとされている新しい教えは、すでに彼以前に、ユダヤ人の教派エッセネ派〔紀元前一世紀ころのユダヤ人の禁欲的宗教団体〕の中に存在していた、ということがわかっているのではないでしょうか？

しかし、実際にはどうなのでしょう？　彼の信奉者は自分たちをキリスト教徒と呼び、自分たちをイエスという名の創始者とはっきりと関係づけました。彼らはイエスをキリスト、神の聖油を注がれた者、救世主メシアと信じました〔「メシア」はヘブライ語で「油を注がれた者」を意味する「マーシーァハ」に由来する語。これはユダヤにおいて王が即位するときの聖別の儀式である。メシアは世の終わりの神に聖別された王、救世主を意味する。「クリストス＝キリスト」はそのギリシャ語形〕。ですから、このイエスという生きた人物が重要な役割を演じているわけです。たとえ、彼の教えの中の多くの点が新しくなかったとしても、彼はこの教えの中にまったく新しいものを持ち込んだのです――彼は自分自身を持ち込んだのです。

人々を確信させたもの、あるいは逆に激怒させたものは、彼の教えではなく、彼自身でした。というのは、彼はまったく並の人間ではなかったからです。彼からはパワーが放射されていました。彼は力を持っていました。彼はほかの人間が知っていないことを知っていました。いずれにせよ、彼は預言者であり聖者でした。

私たちはどこからそういうことを知るのでしょう？　福音書が書かれたのはずっとあとに

なってからです。人々は一人の人間の周囲に伝説を形成したのではないでしょうか？　ずっと昔のことをどうやって覚えていられるのでしょうか？　その当時、そして昔は、人々は多くのことを書きとめることなく、それを一語一語記憶にとどめ、それを何度も何度も詠唱し、それを人から人へ、世代から世代へと伝承したのでした。キリスト生誕のおよそ一千年前に成立した、非常に長い難しいインドの叙事詩『マハーバーラタ』は、一度も書きとめられることもなく、そのようにして一語一語伝承されたのです。イエスが行なったり語ったりしたことを、人々が数十年の間ほとんど逐語的に保存しなかったわけはありません。

しかし、当時のキリスト教徒は、存在していた記憶から英雄伝説を作り上げたのではないか、という疑問はどうでしょうか？　いいえ、彼らが書きとめたのは英雄伝説ではなく、苦しみ、犯罪人として処刑された人間の物語なのです。彼がそのあと「死から甦った」ということを、彼の弟子たちは大きな留保をつけて報告しています。彼ら自身も、自分たちはそれを本当には信ずることができない、と語っていました。世界文学のほかの英雄叙事詩を知っている人には、このイエスの物語がその系列に属するものとは考えられません、ただし……。しかし、この点に関してはあとで論じましょう。今はまずイエスの一般的な解釈を見てみましょう――彼は革命家だった、社会改革家だった、ローマ皇帝の敵で、彼の時代のユダヤ教会の敵で、要するに「アナーキスト」だった。彼は常に貧しき者、抑圧された者の側に立ち、自分の信奉者を素朴な働く庶民の間に求めた。彼は自分に対しても弟子たちに対しても私的所有を原理的に否定した。彼は「ろくでなし自由主義者」でもなかったし、「進歩的知識人」でもなかった。彼は主人ではなく、兄弟であり、人々の中の一人の人間であり、「神」ではなかった。彼は暴力もなく、所有もないアルターナティーフな生活を教えた。彼は狭苦しい道徳を乗り越えた……。

たしかにそうです。このイメージには正しい点がいくらかあります。それどころかたくさんあります。イエスは、私たちが人権のための闘士と名づけることができる存在でした。彼は人間の尊厳を擁護しました。彼は社会的特権の廃絶に賛成しました。彼は高利貸しに反対し、投機に反対し、戦争に反対し、防御のためでさえ武器を用いることをペテロに許しませんでした〔ヨハネ福音書第一八章〕。彼は硬直した道徳律に反対し、たとえ「罪人」であっても、生命ある者の側に立ちました。彼らに愛する能力があれば、イエスは彼らを受け入れました。売春婦のマグダレーナ〔イエスによって七つの悪霊を追い出してもらったマグダラのマリアのこと。通常、イエスに香油を注ぎ、罪を赦された「罪深い女」＝売春婦と同一視される。ルカ福音書第七章参照〕や姦通婦〔ヨハネ福音書第八章〕は、彼の中に弁護者を見いだしました。本当に、彼はアルターナティーフな生活を教えたのです。

しかし、彼はそれ以上の存在でした。もっとも、このそれ以上はまた信仰の問題になるのですが。

彼はいったい何者だったのでしょうか？

彼は人間となった神であったし、今でもそうであるのです。

でも、こういう言い方は実に簡単になされていますね。これは神学的な決まり文句です。何も考えないで聞き流す文章のひとつです。人はそれを簡単に思考の網の目から滑り落とさせてしまいます。しかし、そうしてはいけないのです！　このジーザス・スーパースターがかつて何者であって、今でもそうであるか、かつていかなる存在であって、今でもそうであるか、ということを本当に知ろうと欲するのであれば、私たちは、私たちにしっくりこようがこまいが、この文章をしっかりと見すえなければならないのです。

そこには一人の人間、私たちとまったく同じ一人の人間がいました。彼は生まれ、学び、教え、苦しみ、そして死にました。人間として彼は賛嘆に値する人でした――賢明で、勇気があり、愛深く、威厳に満ち、治病力を持ち、そして私にいつでも最も重要に思われることですが、権力の大きな誘惑を回避し、いやそれどころか、その誘惑を突き破ったのです。サタンが彼を誘惑した物語は、私にとっては彼の生涯の中心です。

生涯の一時期、私はイエスを心の中で次のように描いていたことがありました――地上に人間によって構成されている円錐形の山があります。その頂上、質の絶対的頂点はイエスです。しかし――そういうふうに私は想い描いたのですが――天から逆の形で降りてくるもうひとつの円錐があります。そしてそのいちばん下の頂点は下の円錐の頂上と重なりあっています。すなわち、最高度の人間性はすでに神的なのです。

しかし、それはひとつの観念であって、それ以上のものではありません。実際にはおそらく別なのでしょう。

キリスト降誕の出来事とはいったい何なのでしょう？　この点から私たちは考察を開始しなければなりません。

私たちは宗教の授業で、「神が人になった」と習います。そういうふうに言われているのです！しかし、それはいったい何を意味するのでしょう？　そこで何が起こったか、私たちは想像できるでしょうか？

ほかの宗教にも、天上界の一員、神々の一人が、地上に降り、人々の間にまじわり、彼らに善行を施し、再び天に戻った、という話があります。二千年前、地上に現われたあの神は、そのような神ではありません。彼は一時的な訪問にやってきたのではありません。彼は私たちの一人と同じになって現われ、私たちの全人間的運命を担い、そのときから彼はもはや自分の経験から後戻りすることができなくなりました。彼は、人間とはいかなる存在であり、人間がどんな痛みを感ずるのかを知ったのです。

それ以来、彼の天国は人間の間にありました。彼の天国は私たちに対する彼の愛であり、彼に対する私たちの愛でした。

それ以前は、神は主人であり、父であり、王であり、裁判官でした。イエスの誕生以来、神は兄弟になりました。それは大きな違いです！　神はもはや私たちの上にいるのではなく、私たちの真っ直中にいるのです。

神が人間イエスとして誕生したことは、それを人類の外面的な歴史の中に置くかぎり、一回きりの出来事です。しかし、それを内面的な歴史、救済史の中に位置づければ、この神の人間化はたえず生起しているのです――一人の人間が誕生するごとに、神は人間となるのです。すべての人間の中で、神は人間化の運命を新たに体験します。これを理解するのは難しいことです。しかし、当座はこのことから、私たちの人間観がどのようなものになり、同胞である他の人間に対してどのように行動しなければならないか、という帰結を導き出せば十分です。他人の中に再び人間になった神を見いだすならば、私たちは彼を殴り、唾を吐きかけ、拷問し、精神的に苦しめ、搾取し、誹謗中傷し、密告し、軽蔑したりできるでしょうか？　そのためにこそイエスは人間、すなわち私たちの兄弟となったのです。それは、私たちがすべての人間の中に私たちの兄弟を見るためなのです。

それが降誕祭の意味です――それは神が兄弟となったことを祝う祭りなのです。

ですから、このイエスとはいったい何者だったのか、とあなたが尋ねるならば、私はこう言いましょう――彼は昔その中に神が肉化した人間であったのではなく、彼は今なおそういう人間であるのだ、と。ヨーロッパ中世の神秘主義者たちは、神が私たちすべての人間の中に誕生するのでなければ、神は人間にならない、と言いました。もし私たちがこの知識を私たちの中に受け入れるならば、私たちは日常生活や、政治や、いかなる形の共同生活においても、別の行動を取るばかりでなく、私たちの人生に大きな意味を与える世界観もいだくことになるでしょう。それはこういう世界観です——私たちが生きているのは、神をますます強く人間にならしめ、そして同じ程度に人間をますます「神」にならしめるためなのである。これは一種の邪説のように聞こえますが、そうではありません——福音書には、人間は「神々」になることができるし、ならなければならない、と書かれています〔ヨハネ福音書第一〇章〕。

　イエスは私たちに、どのようにしてそれを行なうか、ということを示しました——そのためには愛さなければならないのです！

　彼はそれを行なうことができました。そして彼よりも多く愛することができる人は一人もおりません。そのかぎりにおいて、イエスは実際にスーパースターなのです！

第七章「教会」に所属しなければならないか

「キリスト者であるために、なぜ教会に所属しなければならないのか、私には理解できません。よい仏教徒であれば、教会に属さないことになるじゃありませんか。教会に縛られることは、キリスト教の本質には含まれていないはずです」

「私たちの教会が真にイエスの教会であるとしても、それは別のものにならなければならないでしょう——権力を要求したり、金品の所有を考えたり、持てる者たちの味方をすることをやめなければなりません。そういうことはしていない、と何度も断言していますが、教会はやっぱりそういうことをしています」

「教会は世俗的な君主国の政治体制と同じように、時代遅れになっています。教会は家父長的で、女性を高い地位に受け入れようとしません。教皇を聖なる父（Heiliger Vater）と呼ぶことは、不快なことです。教皇が聖であって、その上さらに父と呼ばれるなんてことがどうして可能なんでしょう！　父親と王様の時代は終わりました。教会だけが時代遅れになったものを保持しようとしているのです」

「私がショックを受けるのは《教皇の無謬性》というカトリック教会の要求です〔一八六九年に招集された第一回バチカン公会議において、教皇が信仰と道徳に関する《教皇聖座宣言》を公布する場合、誤ることはありえない、とされた〕。これは不遜です。すべての真理を所有している人は一人もいませんし、教皇も間違うことがあります。それどころか、司教も神学者も全部まとめて間違うこともあります。そして、敬虔な人々であっても、彼らが自分独自の意見を持っていれば、教会は彼らを焼き殺しましたが、それはなんといってもひどいことです。私たちが今日、国家に向かって攻撃するすべての点を、カトリック教会も持っています――検閲や、就業禁止〔その職種に不適格とされる人の就業を禁ずること。ドイツではとくに過激派と見なされる人が公務員職に就くことが禁止されている〕や、新しい革命的な理念の持ち主に対する迫害です。教会は恐ろしい全体主義的な要求を持っています。愛や寛容など、これっぽっちもありません」

「カトリック教会はヒトラーと協力しましたし、スペインではフランコ〔一八九二〜一九七五。スペインの独裁者〕と協力しました。カトリック教会はいつでも独裁体制と協力するのです」

「ぼくはまわりがすっかりカトリックの《健全な》世界の中で育ちましたが、早いころに、それがどんなに不健全であるかを見ました。ぼく自身の敬虔なカトリック教徒の両親は、誰にも何もしていない共産主義者の家族を、村八分にして追い出すのを手伝ったり、計画されていた精神障害者のためのホームが私たちの村に建てられなくなるように手を貸しました。この事件は新聞沙汰になりました。そして日曜日になると両親は、この事件にかかわっていた司祭やそのほかの尊敬すべき連中と一緒に、敬虔に神の祝福を求めて祈るんです。こういうことはぼくにとってはまったくの茶番ですね。もうやっていられませんよ」

「私はカトリック教会から抜けました。私は一八歳〔ドイツでは一八歳で成人になり、選挙権を持つ〕で、その上、国の法律ではそうする権利があります。ところが、私の両親は私を一文なしで家から追い出したんです。私は叔母にところに行き、そこでありとあらゆるアルバイトで学費を稼いでいます。私は良心の圧迫から自由になった気がします。しかし私の両親は、私を生活上の困難につきおとしてやれば、そのことによって私を家と教会に連れ戻せる、と考えているんです。もちろんそういうことは、私のカトリックに対する嫌悪感をますます強めるだけです」

私はまた、子供の一人が教会離脱を計画したり、すでに教会離脱してしまったことを驚愕して私に伝えている、両親たちからの手紙も受け取っています。そこでは、「私たちのかわいそうな道に迷った子供」について語られることがまれではありません。彼らは教会離脱をキリスト教への拒絶と宗教の喪失と同一視しています。しかし、実際にはその反対のケースがしばしばあるのです――真の宗教を求める途上において、若者はまず慣習の束縛から身をふりほどかなければなりません。彼は、自分にとってキリスト教が何かということを見いだすために、周囲の生活環境になってしまっている教会キリスト教に対する距離を必要とするのです。自分にとってであって、他人にとってではありません。なぜなら、いま問題になっているのは、自分の生きる道を見いださなければならない彼自身、この若者であるからです。

ここでは引用しない数多くの手紙にはこう書かれています――私がこの教会を選んだのではない。私は自分の同意なしに洗礼されてしまった。だから、私は自分に強制された信仰と共同体に拘束されているのだ。そこから離脱し、私の宗教と私の教会を自分で選ぶ自由が私に認められなければならない。

その通りです――人はどこかの中に生まれ、そこに密着して生きてゆきます。ある民族、ある国家、ある社会、ある時代の中に生まれてきます。人は自分で選んだのではない様々な与件の重荷を背負わされています。また、特定の遺伝素質を受け継ぎますが、それによって特定の体質、性質、才能、好悪を与えられ、それをもって自分の一生を生き抜いてゆきます。人間の生とは、伝承されたものと教え込まれたもの（調教されたもの）の薮の中で、自分自身の道を探し求めることである、と言うことができます。探求を放棄して、周囲に順応し、前もって平坦にされた道を歩む人が大勢おります。そして、自分自身の理念と自分自身の良心に従う勇気を持った別の人たちがいます。キリスト教も教えていますが、良心こそ人間の最高の決定機関なのです。

もしある人が、教会を悪いものと見なすがゆえに、教会にとどまることを彼の良心が禁ずるのであれば、その人は教会を離脱しなければなりません。

しかし、もちろんのことですが、民族も、国家も、教会も、そんなに簡単に離脱できる団体ではありません。人はこのような「団体」には、そう思い込みたいと考えているよりも、はるかに密接に帰属しているのです。人はそれらのものによって刻印を受けているのです。

意識的に離脱するとは、故郷の大地から根を抜くことです。そのようなことをするのには、教会税〔ドイツではキリスト教徒とユダヤ教徒は教会税を支払わなければならない〕や、愚かな司祭に対する一時的な怒りや、二、三のキリスト教徒との不快な経験だけではない、本当の理由を持たなければなりません。

もし私が、若い人たちに教会を離脱するように助言するか、と尋ねられれば、私はそのような助言は拒絶いたします。私はただ、その離脱が単に両親にショックを与え、自分が大人であるということを自分にも親にも証明し、勇気によって仲間にすごいと思わせようとするための抗議行動にすぎないのではないか、ということを考えさせるようにします。

しかし私は、大部分の人たちがしているように、自分の宗教心をただ眠り込ませるよりも、若者が教会を去ろうと意識的に決断することのほうが、まだしも正しいと考えています。大部分の人々は、離脱を宣言することなどわざわざ行なうに値することではない、と考えています。「そんなことをすれば、その事柄にそれにふさわしくない重要性を与えることになる……」というわけです（多くの国では教会税がありません。ですから、節税という動機もなくなります!!）。

しかし、「迷える羊」についてはどうなのでしょう？　一五世紀の半ばにフィレンツェで公会議が開かれましたが、その会議は、教会の外部でも人間の救済と至福が可能か、という問題を議論しました。教会の公式の決定はこうでした。「聖ローマ・カトリック教会はこう告知する――異教徒も、ユダヤ教徒も、不信仰者も、統一から離脱した者も、いかなる者も教会の外部にあっては永遠の生命に与ることはできず、永遠の劫火に落ちるものである――死の前に回心するのでなければ」

私たちは身震いします。このようなことが「真理」ではありえないし、真理であってはなりません。これは愛する存在である神の意にかないませんし、イエスの意にかないません。私たちはこの決定を教会の脅迫と見なします。この教会は、その羊をまとめておき、逃げ出そうという気を起こさない新しい羊を獲得するために、恐怖という手段を用いているのです。

五百年の間、この条項が保持されてきました。ようやく第二バチカン公会議〔教皇ヨハネ二三世によって一九六二〜六六年に招集され、カトリック教会の様々な「現代化」が行なわれた〕において、この条項が削除され、「救いを求める者」はいかなる者でもそれを獲得することができる、と宣言されました――ユダヤ教徒であろうと、イスラム教徒であろうと、他の宗教の信奉者であろうと、誰でも救われる。また無神論者でも、自分の罪なくして神の認識に到達しなかった場合には救いを獲得できる、とされたのです。

私たちはほっと息をつきます。もっとも、その一〇年前に教皇ピオ一二世がすべての「共産主義者」を教会から排除したこと、すなわち彼らを永遠の呪いにゆだねた（もし神がそれに承諾したらの話ですが……）ことを考えると、私たちの背中には冷たい戦慄が走ります。

ちなみに、ほかの宗教団体も不寛容です――イスラム教徒は、アラーの神とその預言者であるマホメットをはっきりと信じない者は、すべて敵であり道に迷った者であると見なします。ユダヤ教徒はキリスト教を大きな誤りとして拒絶しますが、それはメシアはまだやってきていない、と彼らが考えるからです。なぜなら、イエスは約束されたメシア、救世主ではなかったからです。もちろん、ユダヤ教徒は、救済を獲得するためにはユダヤ教徒にならなければならない、とは決して言わないことでしょう。しかし、ほとんどすべての宗教は、自分こそ真の宗教であると主張しています。いったいどの宗教が正しいのでしょう？

　そもそもそのような質問をしなければならないものなのでしょうか？　自分の宗教の中で真理を見いだすことで満足できないのでしょうか？　その宗教が真理であることは、その中に生きる人がより善い人間、より愛深い人間になり、人生の意味連関をよりよく理解するようになる、ということに示されるのではないでしょうか？　すべての真理を持っている宗教はひとつもない、ということはおそらく確実です。諸宗教が互いに異なっていても、神はすべての宗教の中に顕現されるのです。根本的にはすべての宗教は同じだと言うならば、それは正しくありません。すべての宗教はまさに同じではなく、まさしくそのように異なっているのです。というのは、この「複数性」の中に、私たちが神と呼ぶ無限の神秘が現われるからです。私は何十年にもわたって東洋の宗教と哲学を勉強する途上で、キリスト教をよりよく理解し、よりよく評価することを学びました。

　そうです。しかし、私たちは宗教についてではなく、教会について話していたのでした。私がなぜ現代の女性として、頭の固い保守主義者の側に立っているわけでもないのに、カトリック教会から離脱しないのか、と私はよく質問を受けます。そう、なぜでしょう……。私は長い間自分ではこう考えていました――私はバイエルンのバロック的カトリック文化に芸術活動の面で多くのものを負っていますが、まさにそのために、この教会にあまりにも愛着しているのだ、と。私が自分自身を理解するようになるまで、長い時間がかかりました――私をカトリック教会の中にひきとどめているものは、その豊かな象徴であったのです。それらの象徴を私は徐々に理解することを学びました。すっかり物質主義化され、誤って主知主義化され、そのため精神的にすっかり貧しくなった世界の中に、霊的な生活のために必要なものすべてが存在しているひとつの領域があるのです。このことを説明することは困難です。私ができるのは、ただ少しばかり暗示的に示すことだけです――いわゆる秘蹟〔不可視の神の恩寵を目に見える形で人間に伝える儀礼。カトリックでは洗礼・堅信・聖体拝受・告解・終油・叙階・結婚の七つの秘蹟がある〕の中には、偉大な神秘が生き生きと生きています。それは、人々がかつて生の一部、生の源泉、人間が神や神的なものと出合う時と場として知りまた生きていた神秘です。人を水中にひたす洗礼は、死（溺死）と新たな人間としての甦りの記号であり、そして真の体験でもあるのです。聖体拝受〔ホスチアという小さなパンとぶどう酒をイエス・キリストの体と血として食する儀式〕は、人間が神的なエネルギーと一体化する記号であり、真の体験です。堅信〔司教が按手と聖油によって信仰を固める儀式。堅信礼は一三～一五歳の子供に対して行なわれ、一種の成人式となっている〕は、単に若い人を共同体に受け入れる日であるばかりではなく、彼を悪に対する聖なる戦いへと聖別し、聖霊によって強化することです。「終油」

〔臨死者に聖油を塗る儀式〕は、死の途上にある人を強化する聖別です。これらは人々の意識、精神的に貧しくなった社会の意識に、まずは再度呼び戻されねばならない事柄です。最近の新宗教の中では、再び象徴が活用され、そこでは洗礼が、消費社会の中で精神的に死に新しい生命を獲得する象徴として用いられるのも、いわれのないことではありません。私たちは象徴と秘蹟を渇望しているのです。私はこれらすべてを私の教会の中に見いだすので、その欠点にもかかわらず、その欠点とともに、そしてその欠点のゆえに、私は教会にとどまるのです。私は教会の欠点を批判しますが、それは批判のための批判、破壊欲望からの批判ではなく、教会に委託されている聖なるものへの責任感から批判するのです。

しかし、宗教的であるためには教会が必要なのでしょうか？　あなたたち若者はいったいなぜ宗教団体を求めるのですか？　あなたたちは実のところ、「教会」、つまりあなたたちの宗教のための多かれ少なかれ堅固な組織、指導、「グル」に対する強い欲求を持っているのではないでしょうか？　かつてキリスト教会のドグマが盲目的に信じられていたのと同じように、あなたたちは教祖の言うことを盲目的に信じているのではないでしょうか？　あなたたちはあなたたちの宗教的感情のための支えを求めているのではないでしょうか？　あなたたちは、カトリック教会が金持ちだ、世俗的政治に介入する、と言ってカトリック教会を非難しています。他方、統一教会を作った文鮮明氏や、「サイエントロジー教会」〔アメリカの新宗教〕を作ったハバード氏のはるかに巨大な富は、あなたがたには全然問題にならないというのはどういうことなのでしょう？　そしてこの統一教会が宗教とは無関係で、全世界の共産主義の克服に奉仕することが目的で、その教祖が韓国の諜報機関のメンバーであるということも、あなたたちには問題にならないのでしょうか？　あなたたちが自国のなじみの宗教については拒絶するものを、あなたたちはエキゾチックで魅力的な宗教において求めているのです。私自身非常に長い間「別の宗教」を求め、最後に、私たちが必要とするものは私たちの目の前にあるキリスト教の中にすべてちゃんとそろっている、ということがわかったので、こう言うことができるのです――私たちは別の宗教を求めるべきではなく（私たちがキリスト教徒であれ、仏教徒であれ、イスラム教徒であれ、その他の何教徒であれ）、私たちがなすべきなのは、私たちの各々の宗教においてその深みに突き進むことなのである、と。

もし世界のすべての宗教的人間が自分たちの宗教を真に理解し、それを生きたならば、私たちはいつの日か必然的に一点において出会うことになるでしょう。

しかし、信じなければならない教理についてはどうなのでしょう？　教皇は無謬であるとか、イエスは肉体的な父親は持っておらず、彼の母は処女のままだったとか、マリアは肉体を持ったまま昇天したとか、人間はいつか自分の肉体を持ったまま復活するとか、神の中には三つのペルソナ（位格）がある〔父と子と聖霊の三位一体の教理〕……とかということを、今日の理性的な人間がどうやって信ずることができるでしょう？

　私は何年か前、ある改宗者の洗礼の代母〔洗礼を受ける人に代わって信仰宣言をする保証人。昔は宣言が唱えられない子供のための代理人〕をつとめ、そのとき信仰告白*〔本章末の「使徒信条」を参照〕を唱えなければなりませんでした。突然私は驚愕し、それ以上唱えることがほとんどできなくなりました。私はこの言っていることすべてを本当に信じているのだろうか？　私には、自分が一言も信じていないように思われました。私には「盲目なる信仰」をすることは不可能でした。これらの奇妙な文章をなんとか理解することを学ばなければならない、と私は考えました。それらがまったくのナンセンスということはありえないし、またただ単に私たちを「盲目なる従順さ」につないでおくために、そしてただ単にカトリックの信仰を他の信仰告白と厳格に区別するために、それらの信仰箇条が確立されたものでもきっとないだろう。その背後には、もっと深遠な何かがあるに違いない。私はカトリックの教理学と真剣に取り組み始めました。しかし、長い年月ののち、私は神学ではなく、ただ哲学と取り組んでいただけのように思えてきました。突然私は、他のもっと古い諸宗教から知っていたことをすべて思い出しました。私は両方を比較し始め、カトリックの教理で問題になっていることは、太古の人類的英知であったことを徐々に見いだしました——すべての宗教において、処女からの神の誕生がありましたし、現在でもあります。またすべての宗教において、神が三日間冥界にとどまったのち復活したという信仰があります、等々。教理が語っていることは、宗教的なものすべてがそうであるように、神秘ではありますが、やはり真理なのです。悟性ではこれらの真理に近づくことはできません。それらの真理は夢とか突然の直観で体得するのです。私はこう言いたいと思います——太古の人類的神話が語っていることを、キリスト教神学は意識の中にもたらし、歴史の中に置いたのだ、と。

ちなみに、これらの問題と取り組んでいるとき、しょっちゅう中休みの時期がありました——私はあれこれの命題を私の思考の中にとにかく受け入れることができませんでした。そんなとき、私はそれをただ放置しておきました。そしてしばらくたったあとに、以前理解できなかったことを突如理解したのです。私が原子物理学の勉強をしていた(たいへん素人じみたものですが)しばらくの期間、たとえばイエスの復活を物理学的に説明できるように思えました——物質は「素粒子」として物質でもあるしエネルギーでもあるので、それは一方から他方へ姿を変えることができます。そこで、イエスの物質的な肉体はエネルギー状態に変容し、墓を去り、再び物質に戻って、彼の弟子たちの前に目に見える姿となって現われることができたのです(ここでは非常に簡略化した言い方をしています)。しかし、このような説明の試みがいったいどんな役に立つのでしょう?　唯一重要なことは信仰を生きるということ、つまり信頼することであるのです。

私が五歳のとき、私たちの隣家が火事になりました。それは半木造の農家で、あっという間に焼け落ち、家畜小屋の二、三頭の家畜も焼け死にました。燃えさかる家の前で、その家のいちばん年上の娘が叫びました。「私はもう神様なんか信じない。神様なんかいやしない。そんなことみんな嘘だったんだ」

司祭は彼女を落ち着かせ、このような冒瀆をやめさせようとしました。しかし、彼女は叫び続けました。私はそこまでは覚えているのですが、それから先の、のちになって母が私に語ってくれたことは覚えていません――焼け出された家族を空き家になっていた家に収容したとき、その娘カティーは相変わらず「神を冒瀆」し続けていました。そのとき私は、突然、自発的に私の石膏製の聖母像をカティーのところにもってゆき、それを彼女にプレゼントしたのです。私がそのとき何を考えていたのか、私はわかりません。きっと、何か信仰深いことを「考えて」いたわけではないでしょう。私はただカティーに何か親切なことをしてやりたい、という欲求を感じていたのです。私がそういたしましたら、カティーはわっと泣き出しました。私のささやかな愛のふるまいが、彼女に人生に対する信頼を取り戻させ、それによって彼女はまた「神を信ずる」ことができるようになりました。つまり、彼女は根源的信頼を再び見いだしたのです。

さてこのことは、「教会か否か」という問題と直接は関係がありません。しかし、やはりつながっているのです。もちろん、そのとき私が考えているのは、本来あるべき教会です――愛が実践される共同体としての教会です。教会がないほうがよりよく愛を実現できると考える人は、教会なしに生きるべきです。しかし、共同体とひとつの社会的制度による支えを必要とする人は、教会の中で生きるべきです。

私自身は、神を体験するためには、制度も「教理」も「必要」ではありません。しかし私は、その内部に私が生まれた教会の内容と形式にすすんで従いますが、それは私が所与の条件から逃げ出すのではなく、それらとしっかり取り組むことに賛成するからです。そして、すでに述べたように、私が象徴の世界を愛しているからです。しかし、これらすべてのことは、諦念や、疲れた体制順応の結果ではなく、多くの試練の火をくぐり抜けた認識なのです。結構、結構、とあなたたちは言うことでしょう、そいつは耳ざわりがいいことだけど、まさに教会の具体的現状と取り組むと、ぼくたちは教会を拒絶せざるをえなくなるんだ、と。

これに対しては、私は多くのことを語ることができます。というのは、私自身が「左翼的」と誹謗されるカトリックの一員であるからです。そんな非難をする人は、そういうことがいったい何を意味するのか全然知っておらず、ただ単に二、三の宗教的観念を二、三の漠然とした政治的観念、むしろ政治的偏見と混同しているだけのことです。しかし、私が語ることのできる数多くの事柄のかわりに、私は教会に対する態度のひとつのモデルを示しましょう――アッシジのフランシスは反逆者であり、断固とした左翼的キリスト者でした。彼は、私たちが今日行なっているのと同じように、その時代の教会の富を批判し、その世俗的権力欲を批判しました。

そのため彼は教会と衝突し、ローマに呼び出され、尋問に答えなければなりませんでした。彼がある枢機卿を強力な保護者として持っていなければ、数多くの教会改革者と同じように、彼もまた異端者、教会の敵として焼き殺されたことでしょう。彼はこの教会を去りませんでした。この教会の内部で、彼はキリスト教的生活の新しいモデルを確立したのです——無所有と、自我からの完全な離脱と、神と人間への愛に完全に没入するというイエスの教えが生きられる草の根の教会を作ったのです。彼は古きものを破壊することなく、古きものの内部に新しきものを建設したのです。これは、私たちがどのような宗教に入っていようと、私たちが歩むことのできる道ではないでしょうか（なぜなら、世界のそのほかの宗教も改革を必要としているからです）？

＊カトリック教会による「信徒信条」のこと。

「天地の創造主、
全能の父である神を信じます。
父のひとり子、わたしたちの主
イエス・キリストを信じます。
主は聖霊によってやどり、

おとめマリアから生まれ、
ポンティオ・ピラトのもとで苦しみを受け、
十字架につけられて死に、葬られ、
陰府《よみ》に下り、
三日目に死者のうちから復活し、
天に昇って、
全能の父である神の右の座に着き、
生者《せいしゃ》と死者を裁くために来られます。
聖霊を信じ、
聖なる普遍の教会、
聖徒の交わり、
罪のゆるし、
からだの復活、
永遠のいのちを信じます。アーメン。」
（カトリック中央協議会の訳）

第八章　人生の意味について

第八章　人生の意味について

質問「ぼくは、自分がなぜ、何のために生きているのか、もうわからなくなりました。ぼくは自分の人生の意味に対する信仰をなくしてしまいました。この状態へはいろんな段階をへて落ち込みました――ある女の子に幻滅したこと、ぼくの《宗教的な》両親や周囲の社会の空虚さと虚偽を観察したこと、学校での成績強制、友人の自殺、政治的左翼の挫折、教会の無力さなどです。何にすがることができるでしょう？　何もありません。ぼくには自殺の考えが思い浮かんで来ます。しかし、自殺に対してはまだおじけづきます。ときどきぼくは、やっぱり人生の意味を見つけることができるに違いない、とも考えます。あなたの本を読んだとき、あなたならぼくの状態に対して何かおっしゃってくれるのではないか、と思いました。ぼくは二〇歳で、ドイツ文学を勉強していますが、それには満足を感じていません。ドイツ文学もぼくの人生に意味を与えてくれないのです。どうしたらよいのでしょう？」

あなたの書いていることは、他の多くの人たちが考え、言い、書いたことです。あなたたち以前に、私たち以前に、何百万もの人たちが同じことを考え、書きました。これはまさに人間の根本問題そのものなのです。

あなたは「ぼくはもうわからなくなりました」と書いています。それでは、あなたは以前にはそれがわかっていたのでしょうか？　私はそうは思いません。あなたは人生の意味を知っていたのではありません。あなたは人生の意味を生きていたのです。意味の問いがあなたに現われてこなかったので、あなたは自分自身に人生の意味を問いかけていなかったのです。樹木は、自分がなぜ何のためにそこに在るのか、と尋ねはいたしません。樹木はただそこに在るだけです。樹木、石、水、動物の意味は、それらのあるがままの存在の中にあります。彼らは意味を生きているので、絶望に陥らないのです。彼らの幸福は彼らの質問なき存在にあります。

あなたはなぜ、そこに在る、というだけでは満足できないのでしょう？

それは、あなたが自然的存在ではなく、精神的存在（Geist-Wesen）であるからです。

精神的存在ということで私が意味しているのは、ただ単に思考する存在、思考する動物、（今日生物学者が私たちに信じ込ませようとしているような）偶然によってたまたま文明を作ることになった動物、ではありません。私は別の存在を考えています。このことを説明するためには、私は神話の言語を用いざるをえません。ただ神話の助けを借りてのみ、私たちは精神の神秘に近づくのです。

聖書の創世記には、神は人間を土の塵で創造したが、しかし神ご自身の姿に似せ、人間に神の「息を吹き込んだ」、と書かれています。息とはただ単に「生命」を意味するものではありません。なぜかといえば、生命なら神はすべての生き物に与えたからです。息という言葉でここで意味されているのは、神的な息吹、神的な精神＝霊（Geist）なのです。したがって、神の似姿、神の霊から生まれた霊――これこそが人間なのです。

たとえば政治的デモのとき、これを信ずるのは難しいことです。デモ行進者と警官の怒りでひきつり憎悪で満ちた顔や、それを眺める市民の意地悪なしかめつらを見るとき、それを信ずることは難しいことです。これがはたして光の子たちだというのでしょうか？

それでもやはり、それでもやはりそうなのです！　彼らは光の子なのです。彼らは自分ではそれを知りません。彼らは、他人の価値と尊厳も知らなければ、自分自身のそれも知りません。

アンデルセンの童話があります雪の女王の鏡が壊れてしまったという童話です。ひとつの破片が、これまで善良で愛深い小さなカイの目に飛び刺さります。このときから彼は、すべての人間を歪んだ醜い姿で見ます。彼の目から破片が取り除かれてはじめて、彼は人々を正しい姿で見られるようになります。しかし、正しいとはどういうことなのでしょう？　童話では、それは歪まないでよく見える、という程度の意味です。

もちろん、私たちは自分をごまかして、私ども人間が「善良」でないことから目をそむけることはできません。私たちは数多くの善良ならざることを行ないます。しかし、人間を本当に知っている人は、彼らの善ならざるものの下に神的な霊の微光を見るのです。それが見えるのは、もちろん雪の女王の歪み鏡の破片が目に刺さっていない人だけです。壊れた鏡が現実を歪めるのです。

打ちひしがれている人、分裂している人、心が濁っている人は、他人を歪んだ姿で見ます。ただ自分の中に神的な光があることを自分自身で知っている人だけが、その光を他人の中にも認識することができるのです。

イエスはまったく霊そのもの、光そのものでした。それゆえ彼は「悪人」たちをも愛することができたのです。そこで彼は、あとで彼を裏切ることになるだろう、ということを知っていたユダの足をも洗ったのです――彼はユダの中にも神的な光を見たからです。私たちもそのようになり、他人をそのように見れば、私たちは同胞である人間に唾を吐きかけたり、搾取したり、拷問したり、射殺したりすることはできないはずです。私たちは「楽園のような平和」の中でともに生きることになり、すべての問題は解決されることでしょう。

私は楽園について語りましょう。人々が楽園に生きていた、そんな場所やそんな時代が本当に存在したのでしょうか？　神話は歴史ではありません。たとえば大洪水の物語にはアトランチス大陸の水没という出来事が反映しているように思えるように、時おり神話は歴史的出来事のように思えますが、神話が語っているものは歴史的な出来事ではありません。もっと大切なのは、神話は常に生起しうる、ということを認識することです。ですから、私たちは私たちの中に、私たちの内なる楽園的な平和への記憶を可能性として持っている、ということになるのです。つまりそれは未来の約束として持っている、ということにもなります。根本的には私たちはすべて「地上天国」の存在を信じています。その最たるものは生粋のマルクス主義者たちです。彼らは、財産の公平な分配と人間の間のあらゆる対立の克服によって、人類をこの地上において幸福にしようと望んでいるからです。私たちの希望は同時に記憶であり、逆に記憶はまた希望でもあるのです。

では、この楽園にはいったい何が起こったのでしょうか？　そこにいたその当時の幸福で神に近い人間が、神の被造物が、どうして独裁者や、戦争扇動者や、原爆製造者や、守銭奴や、快楽殺人者や、幼児虐待者や、奴隷商人や、腐敗判事や、非人間的で冷血な政治家や、孤独な憎悪者になったのでしょう？　そこでは何かがまずくいったのです。それとも、そうではなかったのでしょうか？

あなたは聖書に書かれていることを覚えているでしょうそこには蛇がやってきて、人間たちにこう吹き込みます、あなたたちは神によって未熟な子供のような扱いを受けていて、本来の智恵、つまり善悪の区別は、あなたたちには禁じられているのだ、と。

人間はなぜこの区別を学ばなければならないのでしょう？　そして、神はいったいなぜそれを人間に禁じておかなければならなかったのでしょう？　この神話の背後には何が隠されているのでしょう？

（あなたは、私が脇道にそれていると思うでしょう。しかし、違います。私は本来のテーマに完全に集中しているのです。忍耐して下さい！）

この奇妙に暗い物語を理解するためには、この「蛇」とはいったい何者か、と問わなければなりません。人はこう言うでしょう、それは悪魔だ、と。しかし、そんなに簡単な問題ではありません。

蛇は太古の、そして多義的な象徴です。この象徴はすべての宗教の中に現われます。聖書では私たちはこの象徴を、ユダヤ人がエジプトからカナーンの地、のちのパレスチナへと移住した記述の中に見いだします。砂漠で彼らは毒蛇に噛まれ、数多くの人たちが生命を落とします。そのとき、彼らの指導者モーセは青銅で蛇を造らせ、それを高い竿の上に掲げました。それを見上げた者は癒されました〔民数記第二一章〕。

この癒しの蛇は、今日でも医者の車の紋章に見いだされます。蛇は一本の棒のまわりに絡まっています。この象徴は古代ギリシャに由来します――最初の有名な医者はアスクレピオスという名でしたが、彼はその仕事の象徴として棒と蛇を選びました。私たちはそこに、青銅の蛇をつけたモーセの竿を再び見いだします。この二つはキリスト教の象徴法の中に再び見いだされます――十字架の柱にはりつけにされた偉大なる癒し主としてのイエスと、蛇の頭を踏みつぶすマリアです。それが何を意味するかは、悪に関する章で述べることにします。

それはいったい何なのでしょう？　それは何か非常に重要なことを語ろうとしているように、また語ることができるように思われます。すなわちこういうことです――人間が善悪を区別することなく、ただ生存していただけの状態がありました。人間は無意識性の状態に生きていたのです。そのとき、蛇がやってきました（人間の中で蛇が目覚めました）――これは認識しようとする知性の働きです。それによって分裂、創造的な不安が生じました。自然そのままの平和と幸福は終わりました。

「認識の木」の実を食べること自体が、無意識性の楽園からの追放であったのです。人間を楽園から追放したのは神ではありません――人間が自分で出ていったのです。そして人間はもはや戻ってくることができませんでしたし、今もできていません。

医学では誕生の過程は胎児の娩出（Austreibung＝追放）と言います。母親がその子供を追放し（vertreiben）、追い出すと言おうなどとは、誰にも思い浮かばないでしょう。へその緒の切断を伴うこの分娩は、必要な過程であり、痛みに満ちた、場合によっては危険な、しかし不可逆の過程なのです。

人間が認識を欲したならば、それに代金を支払わなければなりませんでした——素朴な幸福という代金を。

楽園の門には炎の剣を持った天使が立っていましたし、今も立っています。炎は精神＝霊の象徴です。イエスの弟子たちに聖霊が降臨したとき、彼らの上に出現した燃える炎の形象のことを考えてみてごらんなさい。私たちが楽園へ帰還するのを拒むのは、処罰する天使、死の天使ではありません——それは霊そのものです。霊が私たちを前方へと駆り立てるのです。

どこへですって？

そうです、前方へなのです。

私たちはその目標を知らなくてもよいのでしょうか？

イエスでもありノーでもあります。私たちは、世界史が何を目指しているか、ということに関して漠然とした観念を持っています——私たちは普遍的な正義や、貧困の除去や、軍拡の終了や、寛容や、平和や、人道主義について語ります。

その背後にあるのは、「楽園」を再発見する可能性に関する私たちの太古からの知です。しかし、一度捨て去ったものは二度と見いだすことはできません。それは新たに建設しなければなりません。無意識の楽園は私たちには閉ざされています。

私たちは意識化のあらゆる段階を通って、ただ前方に進むことができるだけです。そのとき私たちが見いだすものは、「地上における神の国」です。

しかし、私たちを人生にひきとどめ、私たちの希望を支えているのは、実現不可能な美しいユートピアなのではないでしょうか？　ところで、すべては同時に過去であり、現在であり、未来でもあるのです。もちろん、私たちの内面においてです。私たちにとっては、道はいかなる状況においても同時に目標でもあります。このことは難しそうに思えますが、難しくありません。神の国はいつかやがてやってくるものだ、と考えている人は、自分が正義と平和と愛を生きることによって、それを自分の力で今ここに実現できることを忘れているのです。

そしてこのことによって、あなたの質問に対する答えに到達しました――人生の意味とは、それが同時に目標でもあるような道を歩むことなのです。あなたが「神の国」の実現を信じ、あなたの人生のいかなる瞬間にもこの実現のために協力することによって、あなたの人生は意味を持つのです。

人生の意味は人が生きる愛の中にあります。私がこの章を書いていたとき、私はイタリアのテレビでアメリカの番組を見ました〔リンザーはローマ近郊の町に住んでいる〕――それは一七歳のヴィッキーという女性とのインタビューでした。彼女はプエルトリコの出身で、ニューヨークのブロンクス地区に住んでいます。そこは今にも壊れそうな家が立ち並ぶ最も貧困な地区で、学校も病院もお店もありません。そこに住んでいるのはただ流入者だけで、最貧の人たち、安売春婦、犯罪的な若者のギャングだけです。子供たちは、生きたネズミや死んだネズミのかたわらで、瓦礫とゴミの山の上で遊んでいます。

清掃員はこの地区に足を踏みいれるのが恐いので、ゴミはもう搬出もされません。そこに入るのは警察だけで、それは警察が青少年の犯罪者を捜すときです（そしてたいてい見つけます）。ヴィッキーは悲惨な住宅に母と二人の兄弟と一緒に住んでいます。ほかの三人の兄弟はちょうど刑務所に入っています。ヴィッキー自身もすでに一度入れられたことがあります。彼女は未婚の母で、子供も一人持っていますが、男どもとはかかわりたくない、好きなのは今では女だけだ、と彼女は率直に言います。ヴィッキーは彼女の身の上話をしますが、彼女はそれを冷静に、苦々しい感情もなしに物語ります。女性レポーターは彼女に、この貧民地区から出たくはないのか、と尋ねます。いいえ、とヴィッキーは答えます。私はここで身内のところにいるつもりだ。ここなら私はみんなを知っているし、事情もみんな知っている。私はここをわが家と感じている。

私たちの観念では、ヴィッキーは地獄の生活を送っています——彼女は貧しく、教育もなく、職業もなく、ただ兄弟たちの強盗によって生計をたて、一生貧困から抜け出ることはないでしょう。彼女は早いうちに病気になり、死ぬでしょう。それにもかかわらず、ヴィッキーは喜んで生きています。彼女を生にひきとどめ、それどころか彼女に生を愛させているものは何でしょう？

彼女は身内の者たちと一緒に暮らしています。彼女は社会の底辺に生きるほかの人々と同じ運命を共有しています。彼女は家族を愛しており、彼女もまた愛されています。彼女は温かみのある巣の中に暮らしており、彼女は一生懸命生きています。極度の貧困の中で彼女は、ほかの数多くの裕福な人々が持っていないものを持っています――それは、これら一切にはそれなりの意味がある、という自明の信頼感です。もちろん彼女に、この意味とは何かと尋ねてはならないのです。彼女ができるのは、おそらくこんな答え以外のものではないでしょう――私は私の身内の者と生きるために生きているのであり、しかもその人生は現にあるがままの人生なのだ。

もちろんこのヴィッキーは、そのほかのすべての被抑圧者や社会からの脱落者を代表しているわけではありません。多くの人たちは自分の運命に憤激し、そして彼らは自分たちの人生の意味を、自分自身と他の人々を悲惨から解放することの中に見ています。それはそれでよいことです。私がヴィッキーの例で示したかったのは、人は悲惨きわまりない人生の中にも意味を見いだし体験し、生きることができるということです。ヴィッキーは、生きることによって、彼女の生がひとつの意味を、たとえそれが身内の者たちのためにただ生きのびることだけを配慮する、ということにすぎなくても、やはりひとつの意味を持っているということを体験しているのです。

それでは、意味の問いはぜいたくな問いなのでしょうか？

いいえ、そうではないことは確かです。私たちの多くにとって生か死かは、私たちが答えを見いだすか否かにかかっているのです。

人生の意味に関する問いと答えの試みは、この章だけのテーマではありません。この試みは何らかの形で他のすべての手紙にも回帰してきます。私たちすべてが究極の意味を見いだし、神の国、すなわち愛の国でその意味を生きるようになるまで、意味の問いは常に新たに問いかけられることになるのでしょう。

第九章　神はなぜ悪を許すのか

質問「もし神が存在するのなら、神は全能であり善でなければなりません。しかし、人々が互いに殺しあったり、子供が飢え死にしたり、少女が暴行されたり、人類を絶滅するために政治家が原爆を使ったり、一方では人々が飢えているのに、食料が余って価格が下がらないようにと、別の場所では食料が焼却処分されたりするのを傍観している神とはどんな神なのでしょう？　そのとき神はいったい何を考えているのでしょう？　神が助けることができないのであれば、神は全能ではありません。あるいは神に助ける気がないのであれば、神は悪魔であるか悪を欲していることになります。あるいはしかし、神はあまりに遠いところにいるので、地上で何が起ころうが、そんなことには全然関心がないのかもしれません。それなら神はいないも同然です。ときどき私は、イエスが来たのはまったく無駄だった、彼も人間の悲惨さを少しも変えることができなかった、と考えることがあります。だって、彼自身も《神が自分を見捨てた》ということを体験せざるをえなかったじゃありませんか。少なくとも、彼の死について報告する福音書にはそのように書かれています」〔マタイ福音書二七章、マルコ福音書一五章には十字架上でイエスは「わが神、わが神、なぜ私をお見捨てになったのですか」と叫んだ、と書かれている〕

この質問によって私たちは、私たちすべてが手におえないままでいる、きわめて暗い問題に触れることになります。仏教徒や道教徒やヒンドゥー教徒は、この問題をこのような形で問うことは知らない、ということは奇妙に思えるかもしれません。彼らは、世界の悪や不幸の責任を負わせることのできる人格神の存在を信じていません。すべての実存問題の最高審級としての神を信ずる人々だけが、彼の統治の仕方はなぜこんなにも下手なのか、という問いを彼に向けることができるのです。

しかし、こんな問いは奇妙ではないでしょうか？　啓蒙化された時代の子である私たちは、私たちの運命を自分自身の手に握ろうと欲し、社会主義（どのような形のものであれ）の助けを借りて、それができるとも考えています。そのような私たちが他方で、この政策がうまく機能しないときに、神に責任を負わせるというのは奇妙ではないでしょうか？　それは、神がすべてのことを配慮する父親や王様と見なされていた、すでに克服ずみと信じられている時代への逆戻りではないのでしょうか？

むしろ、人間はなぜ自分の力をこうもまずく用い、建設できるところで破壊するのか、と尋ねるほうが理性的ではないでしょうか？

戦争をし、原爆を発明し、それを使い、労働者を搾取し、強制収容所を造り運営し、ユダヤ人とジプシーの子供を毒ガスで殺し……等々ということをするのは神ではありません。私は人類のすべての不幸を数え上げ、そしてこう言わざるをえません——それを行なっているのは神ではなく、人間である、と。

そうです、しかし——ここで次の問いが出現します。では、人間の悪はどこからやってくるのか？　人間を破壊者にするものは何か？　神はそれと何の関係もないのだろうか？　神は人間を邪悪に創ったのだろうか？　神は、誰にも危害を加えない善なる人間を創ることができなかったのだろうか？　彼は愛の世界を創造することはできなかったのだろうか？

このテーマについては何千冊もの本が書かれましたが、この質問は答えられないままになっています。どうして私がそれに答えられるでしょう？　しかし、私はこの問題と非常に長いこと格闘してきましたので、少なくとも考察を行なうための二、三の示唆は与えることができます。

以前私は、たとえば光のないところに闇があるように、悪とは善の欠如である、と述べる神学的意見に固執していました。もちろんその通りです。でももしかし、どこかに光がないという状態がどうやって生まれたのでしょう？　光よりも強力なものが光を妨害するのでしょうか？　悪は善よりも強力なのでしょうか？　悪とは存在する何かなのでしょうか、それともそれは単なる欠如、全体の中における空隙なのでしょうか？　まず最初に、もっと簡単な問題を考えてみましょう——悪人というものはいるのでしょうか？

悪を行なう人間はいます。私たちはそのことは確実に知っていると考えています。しかし、悪を行なう誰かは、それですでに悪人なのでしょうか？　彼が悪を行なうためには、彼が悪を行なおうと欲すること、彼が自分のしていることは悪であると知っていること、そしてさらに、それが本当に悪であるということが、つけ加わらなければならないのではないでしょうか？　何が悪であると誰が私たちに言うのでしょう？　たとえば殺人という例を考えてみましょう。「汝殺すなかれ」と私たちの宗教の律法は語っています。それはいかなる譲歩もいたしません。それは明白なる戒律を与えています。しかし、現実はどうなっているでしょう？　一人の男が彼の恋敵を怒りにまかせて殴り殺します。強盗が強奪する相手を殴り殺します。その革命家を警官が射殺します。戦争では何千人という兵士が何千人という敵を射殺します。たった一人の兵士が原爆を投下して何万人を殺します。「汝殺すなかれ」

一人の人間を殺すことは悪行です。いずれにせよそうです。戦争は大量殺人です。だから悪行です。キリスト教徒はイスラム教徒、ユダヤ教徒、他の信仰の持ち主と同じようにその悪行を犯します。なぜでしょう？　彼らをそれに駆り立てるものは何でしょう？　もちろん、個々のケースでは容易に動機を見いだすことができます。殺人事件の裁判では、法律家たちはこの動機の発見に取り組みます。しかし、その動機が見つかったとしても、なぜそのような動機が存在し、一人の人間によって受け入れられたのか、ということに対する説明ができたことになるのでしょうか？　普通の殺人犯の生活史をさかのぼって、彼の最も初期の幼児期にまで到達できるとします。そのときそこには最初の悪行、たとえば残虐な行為を見いだすことができるでしょう。そうすれば、彼がなぜのちになって悪事をはたらいたのか、ということはもちろん知ることができるでしょう。しかし、彼がなぜ最初の悪行を犯したのか、ということは知ることができません。

聖書の形象言語や諸神話では、誘惑者、悪魔、サタン、邪悪な霊について語られています。それらが語っていることは、いかなる悪行以前に、そこにはすでに「悪そのもの」が存在した、ということです。

しかし、この悪はいったいどこから来たのでしょう？

キリスト教神学では、すべての人間は「原罪」をもって生まれてくる、と言われています。悪は人間の一部です。それゆえ私たちはすべて、大なり小なり悪を行なう傾向があるのです。しかし、原罪はどうやって世界の中に入ってきたのでしょう？　創造が善ではなかったのでしょうか？　最初の人間たちが善ではなかったのでしょうか？　人間を神への不従順に誘惑した蛇はどこからやってきたのでしょう？　しかし、人間が誘惑されるなどということがどうして可能だったのでしょう？　悪はやはり、ちょうど表に現われる以前の病気のように、最初から潜在的にそこにあったに違いありません。この根源悪はどこからやってきたのでしょう？

ここで私たちは、この問いかけをこれ以上先に進ませることができません。異なった文化圏には、「大昔に」光と闇の間に、闇の霊たち（神々）と光の霊たちとの間に戦いが行なわれ、この戦いは光の勝利で終わった、と伝えている数多くの神話があります。この言明は私たちへの約束と見なすことができます——光が勝つという約束です。それはしかしまた、常に「真実」である原過去に関する言明としても理解できます——最初にカオスがありました（とギリシャ人は語っています）。聖書にも、最初に何かが、つまり秩序（Ordnung）が創造された、とありますから、そのかぎりにおいて同じことが書かれているわけです。この秩序は「神々の戦い」において、カオスから勝ち取られたものです。神は、神がそこで創ったもの、秩序を、善きものと見なしました。神の霊によるこの秩序は、無秩序あるいは秩序以前という暗黒の状態の克服でした。すべての戒律、すべての法律は、神的な秩序意志の模倣であり反映です。そこで、悪とは無秩序、善とは秩序ということになるでしょう。人間は、個々人すべては、宇宙全体の縮図であり、人類の進化の全段階を自分の中で追体験するので、彼はまた自分の中にカオスも持っており、彼の進化はますます意識化された秩序、ますます高い秩序への進化という形で行なわれるのです。

若い人たちは秩序という言葉が好きではありません。彼らは母親が小言を言うのを耳にします――お前の部屋を整理整頓（Ordnung）しなさい。秩序のある部屋がまるで倫理的な価値であるかのようです。

あるいは、彼らは先生からこう言われます――あなたの着想をもっと整理してみなさい。あなたの頭の中はいろんな考えでなんと混乱しているんだろう！

あるいは、彼らは兵舎で秩序を体験します。あるいは、彼らは、何かを革新するのではなく、「国家の秩序を維持する」ということがいかなることかを、耳にしたり自分の生身で感じたりします。

しかし、不毛な秩序と生きた秩序があるのです。恣意的な秩序と生に必要な秩序があるのです。何が秩序であるかは、たいていはちょうどそのとき支配している者たちによって定められます。それはまた時代や文化圏によっても定められます。首狩族においては、人間を殺すことが「秩序にかなった（in Ordnung）＝正しい」ことです。キリスト教十字軍においては、イスラム教徒や異教徒を殺すことが「秩序にかなった」ことでした。イスラム教徒においては、アラーと政府の敵を殺すことが「秩序にかなった」ことであったし、今でもそうです。革命家たちとの戦いにおいては、政府軍が彼らを殺すことが「秩序にかなった」ことです。

私たちはまた、実際に必要とするよりもはるかに多く所有することを、そしてまた、私たちの所有が実際には、私たちに対して従属的な立場にあり、全体的利益の分け前にあまり与っていない労働者たちの労働の成果であるのに、それを自分の労働の成果であると考えることを、まったく「秩序にかなった」ことと見なしています。これがまさに私たちの経済「秩序」であるのです。

実は、それらは決して真の「秩序」ではなく、カオスの一部なのです。それらは闇の王国、「無秩序な」衝動の王国の一部なのです。

たしかに、こういうことなのです——悪は無秩序と関係しています。秩序を損なう者は悪をなしています。

存在するのはただひとつの秩序です。それは私たちが山上の垂訓に見いだす秩序です。

山上の垂訓に従って生きる者は、カオスの領域を脱出しています。彼は「救済」されています。救済の意味とは世界の秩序ということです。

そういうところから、明白な秩序の印としての十字架の印があるのです。

しかし、一人の人間が心の底から善、つまり愛の秩序に従うことを信仰告白し、できるかぎりそれに従って行動したとしても、そのことは、彼の中のカオス、悪が克服された、ということを意味するものではありません。カオスは常に存在し、生き続け、再三「誘惑」として出現します。

現代の心理学では、このカオスのことを影と呼んでいます。すべての人間は彼の影、彼のカオス、彼の暗い部分、彼の「悪い」衝動、すなわち破壊的な衝動を持っています。この影の部分はたいがい無意識的で、それがある日突然表に噴き出すと、驚愕することになります。たとえば、怒りに駆られて誰かを殴り殺したり、尊敬される立派な人間でありながら、そんなことは到底できないと思っていた大きな詐欺を働いたり、というようなときです。私たちはすべて自分の中に、殺人犯、泥棒、中傷者、性犯罪者になる素質を持っているのです。すべての人がです。なぜなら、私たちすべては根源悪、カオスに関与しているからです。そのことを私たちは「なんとなく」知っています。なぜなら、私たちは「私たちの負い目をお赦し下さい」と祈り、誰一人としてそれから除外しないからです。

しかし、私たちが内部に根源悪を持ち、そのため必然的に再三再四悪を行なうということは、いったいどのような意味を持っているのでしょうか？

根源悪なしの創造、したがってただ善人だけが住んでいるような創造が可能であったのかどうか、私たちにはそういうことはわかりませんし、またそういうことに頭を使っても仕方ありません。私たちは、現に私たちに示されている創造をそのまま受け取るほかはありません。悪が存在します。それが現実です。そして私たちは悪を行なうことができます。しかし、私たちは悪を克服することもできるのです。人が救済と呼ぶところのものが存在します。キリスト教におけるように、それを救済者イエスに帰したり、恩寵の賜物と見なしたりするか、あるいは仏教におけるように、人間自身の行為によってそれが可能であると考えるかにかかわりなく、救済というものが存在します。

私たちの問いはただ単に、なぜ悪が存在するのか、というものではなく、何のために存在するのか、というものです。悪は世界全体の中で、そして個々人において、ひとつの機能を持っているに違いありません。

キリスト教神学には、イエスによる救済の業が生起できるために楽園における堕罪が必要であったのだ、という見解ないしは教理があります。私は覚えていますが、私が学校の生徒だったころ、それはあとからこじつけた説明ではないのか、と異論を唱えました。イエスが死ぬ必要がなかったら、もっとよかったはずだ、と私は言いました。今日では私は、古代の教父たち〔古代キリスト教会の司教・思想家のうち、教会が信仰の特別な証人として認めた人たち〕が教えたことがやはり正しいのだ、ということが理解できます。それはどのようなことなのでしょう?

私たちの簡単な経験が教えていることですが、生とは常に運動です。運動は緊張から生じます。緊張は等しからざるものの間に存在します。二つの磁極、男性的なものと女性的なもの、老と若、建設と破壊、生と死の間に存在します。それと同じように、精神的な進化も緊張から生じる運動なのです。この緊張は善と悪の間の緊張です。私たちは、「悪」、私たちの影との対決を通して以外には、「善」にはならないのです。悪への誘惑の克服と、悪行の結果の体験を通して、私たちは成長するのです。ただそのようにしてのみなのです！　そこで、いつまでも「良識ある」ままの人々も、真に善いのではなく、ただ試練を受けておらず、臆病で、いまだ進化していないだけなのです。そしてそのために、自分自身の悪を知る経験は人間にとってきわめて重要で、彼を正しい道に導くことができるものなのです。

ギリシャの哲学者プラトンは、何のために悪があるのか、ということを説明するひとつの譬えを残しています。それは御者の譬えです――一人の男が自分の馬車に、一頭の善良でおとなしい馬と、それにもう一頭暴れ馬をつないでいます〔プラトン対話篇『パイドロス』〕。暴れ馬は馬車につながれることによって、そのすべての荒々しい力のせいで有益になるのです〔これはリンザーの解釈で、プラトンは、暴れ馬を統御しなければならない、と述べている〕。

私たちはしかと心にとどめましょう――悪は世界全体の中でも、個々人においても、ひとつの機能を持っている、ということを。しかしそのことは、私たちが悪に身をまかせてもよい、ということを意味するものではありません。絶対にそうしてはならないのです！　悪が私たちを支配してはなりません。私たちが悪を支配しなければならないのです。

悪に身をまかせた人間は無秩序を、あるいは見せかけの秩序をつくり出します。したがって、無秩序をつくり出す人間が世界の悲惨に責任があるのです。責任があるのは人間であって、神ではありません。
人間が自分自身に対し、他者に対し苦悩をつくり出しているのです。

さてこれが、神はなぜ苦悩を許すのか、という質問に対する答えです。苦悩は、人間自身がつくり出したか、その中に巻き込まれたかした無秩序の結果です。私たちは今日ではこのことをよりよく理解できるようになっています。なぜなら、人間が地球を破壊し、その際私たちすべてが例外なくそれにかかわっているということを、私たちは徐々に知るようになっているからです。まさに「私たちの負い目をお赦し下さい」です。

多くの種類の苦悩があります――絶望的な貧困、肉体的な疾患、精神的な失意、不安、失恋、失敗、誤解、孤独……。

苦悩を逃れようとする試みも数多くあります――アルコール、麻薬、何かへの猛烈な没頭……。

精神によって苦悩を克服する試みがあります――古代ギリシャ人、ローマ人にはストア哲学がありました。私たちは今日でもストイックな人ということを言いますが、それは自分の苦悩を取るに足りないものとして無視する人のことを意味しています。ちなみに、ストイックな人は喜びも無視します。彼は自分の心の平安をかき乱すものは何ひとつ自分に近づけないのです。

仏教徒は、何かに執着し欲することをやめれば苦悩は終わる、と言います。キリスト教徒はそれに対して何と言うでしょう？　キリスト教徒は苦悩の除去ということではなく、苦悩の受容について語ります。これはたいへん賢明なことです。それによって、生きることを学ぶことができるからです。

　私は最近、身体障害者のホームに行きました。彼らの中にはいわゆる「サリドマイド児」と呼ばれる人々もいました。彼らの母親が妊娠中、胎児の手足を萎縮させる薬剤を摂取した人たちです。私の聴衆の中にとくに知的な少年がいました。彼はあとで私にこういう手紙を書いてきました。「ぼくがこの世界について理解できないのは、罪なくして与えられる苦悩ということです。なぜぼくの母はサリドマイドをのんだのでしょう？　なぜぼくは障害者になったのでしょう？　なぜぼくはこの萎縮を苦しまなければならないのでしょう？」

　私は彼にこう返答しました――私は君の質問に対する答えを知りません。しかし私は、それについて考えることは無意味だと思います。私はこう問いかけるほうがもっと重要だと思います――自分はこの与えられた状態をどのようなものにすることができるだろうか？　それはただ単に、君がこの状態の中で何ができるか、と考えるということを意味するものではありません。そのことなら君はもう知っています――君は学校に通い、職業を見つけることでしょう。しかし私たちは、それが簡単な「普通の」人生を意味する、とごまかして言うことはできません。君にはほかの人たちが持っているものが与えられていません。しかし、それに対してはひとつの償いがあるのではないでしょうか？　私には、二歳のときから足が麻痺して、今では五〇年以上も車椅子に座ったままの友人がいます。その上半身は美しく力強い婦人、活発で情熱的な気性の婦人です。彼女は私にこう語りました――もちろん私は、自分の運命に反抗した時期がありましたよ。しかし私は、こういう人生でよかった、ということがわかっています。もし病気がなかったら、私はどうなっていたでしょう？　私は料亭の娘ですから、料亭の女将になって、本も読まず外国語も学ばず、一生をただ仕事と金儲けだけで過ごし、一度として本当の自分にはならなかったことでしょう。しかし、こういう身体になったので、私は精神的な問題に心を向けなければならず、言葉や神学や哲学の勉強の中に人生の幸福を見いだしたのです。――彼女はこう語ってくれました。君もきっと同じようになると思います。君はまさしく君の苦悩を通して素晴らしい人格になるのです。そうなるためには、君のすべての魂的、精神的な力が要求されるのですよ。

輪廻転生を信ずる宗教では、苦悩の意味について語ることは比較的容易です――その人は前世において何かを根本的に間違ったので、いま苦悩によってその償いをしなければならないのです。しかし、ほかならぬこの苦悩を耐え忍ぶことによって、昔の罪は抹消され、次のより幸福な人生への道が開かれるのです。

キリスト教でも、苦悩は浄化であり霊の学校である、と認識されています。人は「自分の十字架を背負」〔マタイ福音書第一〇章、ルカ福音書第一四章〕わなければなりません。それに対しては、はい、と言わなければなりません。これはもちろん、苦悩する個々人にだけ与えてしかるべき助言です。このことから、世界の苦悩は全然変更できないのだ、という結論を出してはなりません。そのようなことをすれば、マルクスが正当にも「宗教は民衆のための阿片」と言ったのと同じことになるでしょう――つまり、苦しいことも神の意志だといってなだめすかすことになります。人は自分自身に関しては、自分の苦悩に謙虚に服することができますが、他人のためにそうしては決してなりません！　世界における苦悩の意味は、苦悩を除去するために、あるいはせめて減少させるために、苦悩が人々の愛の力を呼び起こすところにある、と言ってもほとんど過言ではありません。

私がこの文章を書いたとき、私は自宅の庭を散歩しました。そのとき私は一種の奇蹟を体験しました。私の考えが確証されたのです――その冬は例のないほど厳しい冬でしたので、たくさんの植物が凍え死んでしまいました。いや、凍え死んでいたように見えました。回復した植物もたくさんあり、それどころか、霜で以前より元気になったものも二、三ありました。しかし、私の好きな木蓮の木は本当に死んでしまったようでした。その木は伐採しなければならない、と私は庭師に言おうと思っていました。しかし、まだそのままにしておいたのです。ちょうどそのとき、私は木蓮が新しい葉を芽ぶいているのを目にしたのです。それは八月の終わりですから、霜のあと半年もたっていました。私はその木が本当に苦しんだと思います。しかし、木は諦めませんでした。木は自分の生命力をかき集め、死に勝利したのです。

そうですね、とあなたは言うことでしょう、肉体的な苦悩や外面的な困難には勝利することができるだろうが、心の中に巣くう虫、精神的な苦悩には勝利できるだろうか……？　私たちはみな自分の中に暗い不安をいだいているのではなかろうか？　認識できる罪があるにせよないにせよ、まだ克服されていない罪責感情を持っているのではなかろうか？　私たちの心は引き裂かれ、憂愁でいっぱいなのではなかろうか？

その通りです。そして私だって失意の歌を歌うこともできます！　それに対しては何をすればよいのでしょう？　精神療法医のところに行くべきでしょうか？　それは、ほかにはもうどうしようもなくなったときだけです！　それ以外のときは――持ちこたえることです！　私は暗い気分のときにはこう独り言を言います――なぜ自分の生活は何百万もの人々のそれよりもよいものでなければならないのだろう？　なぜ私は私の持ち分の苦悩を耐え忍ぶことを拒むのだろう？　もし私が苦しまなかったら、どうして苦しむ人たちを理解することができるだろう？

おわかりでしょう――結局のところ、意味に関するこれらのすべての問いにおいては、私たちは実際には何も知らず、私たちは無意味に思えるものに意味を付与しているのだ、ということになるのです。その意味付与は、私たちが有意義に生きることによって、すなわち、世界の中の愛の分量を高め、世界の中の苦悩の分量を減らすことによって行なわれるのです。

第十章　天国、地獄、悪魔など

質問「カトリック教会が今日でもなお、いやもっと正確に言えば今日再び、私たちに信じるように要求していることは、実際まったく途方もないことです。教皇は本当にとんでもないとあなたは思いませんか？　だって、彼は大真面目で、キリスト教徒（あるいはカトリック教徒でしょうか？）は天国、地獄、煉獄を信じなければならない、と言うんですよ。ですから、教会はまたもや古典的な抑圧の手段、つまり処罰の脅迫と報賞の約束を用いるというわけです。そしてこの二つは《永遠》だ、と言うんです。ぼくはこの教会をやめなければならないのではないかと心配しています」

私も教皇〔ヨハネ・パウロ二世〕のこの回勅には「かみつき」ました。でも、内容にではありません。それは私は理解できます。それを私は、異端的にも、因習的にも、「幼稚」にもならないような形で解釈します。しかし、私が懸念をいだくのは、この回勅のカトリック教会における全体的な反動的傾向との関連に対してであり、この傾向がこれまた反動的政治の全体的傾向に合致しているからです。教皇ヨハネ二三世が、彼自身が言ったように、新鮮な空気を入れるために公会議（一九六二〜六五年の第二バチカン公会議）で開けた窓が、次々と閉じられてゆきます。そしてそのことによって、数多くの現代の従順なキリスト教徒からは精神的な自由の空気が奪われてゆくのです。そのようなことはあってはならないでしょう。古い概念を新しく解釈することを私たちに許したり、あるいはそうするように勧めたりすることなしに、天国と地獄を信ずるように断定的に命じてはならないでしょう。

最初にあなたに結論をお答えすれば、私は天国、地獄、煉獄の存在を信じています。しかし、それをどのように理解しているかを説明いたしましょう。

かつて世界は三つの舞台からなる神秘劇の劇場と考えられていました――天上には天国があり、地下には地獄があり、その中間に地上世界がありました。人間はこの中間の舞台で行動し、彼の将来の運命を決定するのでした――正しく生きた人は天国に行き、悪く生きた人は地獄に行く、というわけです。天上的な力は人間を天国に導こうとし、また地獄的な力も同じように地獄に導こうとしています。

そして、これは実際にその通りなのではないでしょうか？

ただし、天国と地獄は「場所」（少なくとも地理的な意味での場所）ではありません。それは人間の心の状態なのです。その心の状態に人間の外的な状態（「場所」）が対応することになります。その場所は「現世」のレベル、つまり人間社会であってもかまいませんし、あるいはまた形而上的なレベルであってもかまいません。私のこういう考え方はのちほど説明いたしましょう。

あなたは、教皇の声明は現代人に対するとんでもない要求だ、と言います。あなたは、私が教会の圧迫に極度のアレルギーを持っていることを知っていますね。しかし私は、教会が「あの世」における報賞と処罰によって、今日の知的なキリスト教世界を支配しようとするほど愚かだと、本気で考えることはできません。もちろん、教会はいつでもその時代の教会です。国家というものはとりわけ恐怖と威嚇という手段——憲法擁護〔ドイツ連邦共和国では、公務員になるためには憲法への忠誠が要求されるが、これが実際には過激派を排除するための思想調査の役割もはたしている〕とか、検閲とか、警察とか、秘密警察などのような——を用いるものですが、「対抗宗教改革」〔マルチン・ルターの宗教改革に対抗して行なわれてカトリック教会の内部立て直しのための改革〕の時代には、教会が国家と同じような手段を用いたのは不思議なことではないでしょう。ものを考える市民は嫌疑を受け、場合によっては処罰されるのです。

教会はこの種の手段を用いる傾向がありますが、それは神学的な邪説が侵入することを恐れ、絶対的な権威を失うことを恐れるからです。しかし、教会がそのような動機だけしか持っていない、と考えることは公正ではないでしょう。教会は、イエスの教えを伝え、そのことによって人間を助けるという自分の任務を自覚しています。そこで、教皇が今日、天国、地獄、煉獄が必須の信仰箇条であると言うのであれば、それがいったい何を意味しているのか、私たちはやはりそれを見いだす努力をしなければなりません。

まず最初に、私はそれを次のような試みとして理解いたします――それは人々を、ただ物質だけに心を向けた一次元的な日常生活という、人間にふさわしくない平板なあり方から目を覚まさせようとする試みなのです。それは人間にこのように言おうとするのです――そんな生活だけがすべてなのではない。あなたは単なる労働する獣なのではない。あなたの眼を上に向けて、あなたが大いなる意味の連関の中に生きていることを見いだしなさい。あなたはなるほど労多く悩み多き人間、要するに苦しみ多く不幸多き人間であるかもしれない。しかし、あなたはそれ以上の存在、それをはるかに凌駕した存在なのだ。あなたを獲得しようとして、天上的な力と地獄的な力が戦っている。そしてあなた自身も壮大な戦いをともに戦っている。それは闇に対する光の戦いなのだ。

教皇が天国と地獄のほかに、煉獄〔Fegefeuer―ドイツ語では浄化（fegen）の火（Feuer）の意〕について言及するならば（これはカトリックに独特の教えです）、私たちは実際のところ、何の懸念もなく彼に同意することができます。なぜなら、私たちの地上の生活は、浄化する「火」以外の何ものであるというのでしょう?! 地上生活とは学習の場所であり、時間・空間における試験の場所です。今ここで私たちは、私たちの肉体の死のあとに続く私たちの運命をどうするのか、という決定を下しているのです（このこともちろんまた信仰の事柄ですが）。

しかし、私たちはまだしばらくこの地上世界にとどまりましょう。今ここで私たちは「天国」と「地獄」を体験いたします。私たちはそれを精神的・魂的な「場所」、つまり状態として体験いたします。私たちはときどき、「天国にいるような気持ちだ」とか、それどころか「第七天にいるような気持ちだ」とさえ言います〔第七天はカトリックの神学で最高の天国〕。また「これは地獄だ、地獄みたいな状態だ」とも言います。

「天国」という言葉で私たちは、強烈で影のない「幸福」そのものの状態を名づけようとしています。強く愛し合っていて、憧れや疑念や周囲の反対の時期のあとで一緒になれた男女は、「天国にいる」ように感じます。大金を獲得した人は、天国にいるようだ、とは言わないでしょう。「天国」は愛と調和に関係しているに違いありません。

しかし、すべての天にも昇る地上的な幸福感はやがて過ぎ去るものであり、その中にすでに無常性の痛みを蔵しています。私たちの誰ひとりとして、地上的な幸福が永遠に続くと考えるほど愚かではありません。しかし、終わりの不安の入りまじっていない、そのような無限なる幸福を私たちは願っています。

しかし、持続するものとは何でしょう？

私たちが所有するものは、何ものも持続いたしません。

持続するものはただ存在だけです。

私たちが愛において「天国のような」幸福を体験するならば、それは私たちが何ものか（つまり愛する人）を所有しているからではなく、愛する人の存在の中に、自分自身の存在を体験するからです。人は愛の存在を経験するのです。

しかし、私たちが変転常なき人間であるかぎり、この存在経験は「永遠」に続くものではありません。それが私たちの苦しみなのです。私たちは永遠に持続する存在経験を願っているのです。

他方しかし、私たちはまさに感情が最も高揚した瞬間には、それが持続しようがしまいが、この感情以外の何ものも重要ではない、ということも経験いたします。時間は問題ではありません。私たちは、真の天国は時間とは無関係だ、ということを予感するのです。時間や空間のような変化するもの、限定されたものとは結びついておらず、何ものかの所有とも結びついていない状態があるに違いありません。私たちが幸福そのものである純粋なる存在の状態があるに違いありません。幸福とは、全存在との完全な調和の中にあるに違いありません。そこでは何ものも、とりわけ幸福が終わるのではないかという恐れが、調和をかき乱してはならないのです。ですから幸福とは、私たちが神および神の（私たちの）宇宙との絶対的な調和の中で生きている状態であるに違いありません。私たちの集合的無意識〔心理学者ユングの用語。ユング派の心理学によれば、人間はその意識の深層に、個人的無意識を越えた民族的、人類的に共通な集合的無意識を蔵している〕は、そのような楽園の形象的記憶を保持してきたのです。

地獄とは、したがってその反対であるに違いありません。私たちはそれを、人が必要とし、ほしいと願うものが何ひとつ手に入らない状態として想像することができます。私はヒトラー体制のもとで牢獄に入れられた経験がありますから、私にとっては地獄とはこういう状態です――狭い場所に閉じ込められること、外にいる人たちとは一切の連絡がとれないこと、空気と光の欠如、同じ考え方を持った人々と会話できないこと、塵芥のように取り扱われること、しかもこれらすべてが、解放される希望もなしに続くこと、です。そしてとりわけこういう感情です――自分の心の中で憎悪が増大し、ますます陰惨な気持ちになり、あらゆる「精神的なもの」を、そして自分を助け出してくれない神をも軽蔑するようになることです。

しかし、それはまだ地獄の小さな前段階にすぎません。それは時間・空間に結びついており、したがって有限でした。そこにはまだ終わりへの希望のかすかな微光が存在し、さらにそのほかに自殺の可能性もありました。

真の地獄とは愛する能力の絶対的な欠如、自己憎悪、他者への憎悪、自分が変わることの拒絶です。「地獄、それは他人だ」とサルトルは言いました。私はこう言います――地獄、それは愛が欠如したときのあなた自身である。調和から転落した生、神を離れた生、それがまさにい、地獄なのです。

しかし、あなたはあくまでも、教皇が言っているのは、この地上で体験できるそういう心の状態ではない、と言い張ることでしょう。

しかし、教皇は何を意味していたのでしょうか？

すべての宗教は、地上世界の外にある天国と地獄の観念を持っています。私たち現代人は、私たちの想像力によって宇宙空間を動き回り、他の天体を訪問するという考えになじんでいます。天国と地獄が他の天体にあるということは、可能ではないのでしょうか？　神が「善人」を天国のような星に救済し、悪人のためには処刑島、氷のように冷たい星の上に強制収容所を創った、とは考えられないでしょうか？

こういう考えは滑稽で、中世の天国と地獄の観念と同じくらい馬鹿げているように思えます。これは中世的観念よりももっと幼稚です。もっと物質的です。その上、天体物理学によってわかっているように、天体は永続的ではなく、やはり死滅します。さてしかし、幸福が永続しなければ、いかなる天国も真の天国ではなく、終わりの希望があれば、いかなる地獄も真の地獄ではありません。そこで、私はこうした天体的な観念も受け入れることはできません。いいえ、天国と地獄は宇宙の中の「場所」ではなく、また星と星の間の中間的空間でもないのです。それは実際、存在状態に関係しているものに違いありません。

それでは、いつ、どこで、どのようにして、人はその存在状態を経験するのでしょうか？

私たちは現世的人間であるので、現世的にものを考えます。アインシュタイン以来、時間と空間は現実には全然存在するものではなく、それは私たちが自分の思考の中に秩序をつくるための補助的概念にすぎない、ということを私たちはもちろん知っています。しかし実際には、私たちはそのような観念にしっかりとしがみついています。そこで私たちは、天国と地獄を時間的、空間的に固定化して考えようとするのです。

しかし、もし私たちが死後、まったく別の認識を行なう可能性があったらどうでしょう？　私たちがそのとき、時間や空間についてもう考えなくなるとしたらどうでしょう？　私たちがまったく別の存在になって、そのためまったく異なった体験をするようになるとしたらどうでしょう？

もしハエがしゃべることができて、それが世界をどのように経験しているかを私たちに紹介したら、私たちはハエの体験の狭さを知ることでしょう――ハエはモーツァルトの四重奏を聴くことができないし、ヘルダーリンの詩を読むこともできないし、思考について考えることもできません……。もしこのようなことができる私たちが、さらにまったく別のこともできるとしたらどうでしょう？　私たちがもはや物質に縛られた存在者ではなく、途方もない別の能力を持っていて、時間や空間や因果律（原因と結果の結びつき）などのあるゆる補助的概念を投げ捨て、存在をまったく別様に体験できるとしたらどうでしょう？　もし私たちが何のヴェールもなく直接的に神を体験できるとしたら？　そしてもし私たちが神の観照から閉め出されている状態を無限の苦痛として体験するとしたら？

そういうことは十分にありうることだと私は思います。

それはそうかもしれないが、とあなたは言うことでしょう。しかし、理解するのが難しいし、信ずることが難しい別の問題が残っている――いったいどこで、誰によって、人間の「永遠の」運命に関する決定が下されるのだろうか？

キリスト教の神学も、イスラム教や他の宗教と同じように、人間（「魂」）は死後、あるいは死に際して、神の法廷の前に出て、そこで報賞を受けるか、それとも処罰を受ける、と教えています。裁判官は神ご自身で、それを超える控訴審はありません。そこで「永遠の」幸福か「永遠の」不幸が定められ、それきりでおしまい、というわけです。

しかし、きっとそうではありません。そんなことはありえません。それではどのようになっているのでしょう？

いずれにせよ、「魂」がふるえながら、あるいはまたかたくなな心で、あるいはまた自分の品行方正さを確信して神の前に出て、神の下す判決を受動的に聞く、ということではありません。人間は人生において、そして遅くとも死において、自分がどこに属する人間であるかということを、すなわち、自分が本当は何者であるのかということを、自分でわかるのです。判決を下すのは上なる神ではなく、内なる神です（もちろん、両方は完全に一致しているのです）。私たち自身が地上における私たちの人生を通して、私たち自身に対する私たちの判決を下したわけです。もちろん、私たちの大部分は、このような生き方によって何を引き起こしているのかは、全然自覚していないか、ほんのかすかにしか自覚していません。私たちはただ漠然と生きているのです。しかし、死において私たちは、私たちの状態がどのようなものであるのかを悟るのです。私たち自身が私たちを裁くのです。私たちは突然別の姿の私たちを、裸の私たちを見ます。そして私たちは、あらゆる情状酌量の事由を、しかしまた処罰加重の事由も見ます。そうです、そしてそれからどうなるのでしょう？　それから私たちは私たち自身を天国や地獄に送るのでしょうか？

「私たち自身」というのは、地上で私たちがそうであったところの人間ではありません。それは、私たちが本来それであり、それであり続ける霊なのです。その人間が自分に内在する神的な光を用いて何をなしたか、を見るのは霊なのです。

しかし、その人間は邪悪であった、と霊が決定すればどうなるのでしょう？　そのとき彼は永遠の地獄に落ちるのでしょうか？

　自分を永遠の地獄へと弾劾する理由を持っているような人間がいるとは、私は思いません。私は、地獄は可能性として存在する、と思います。なぜなら、人間は決断する自由を持たなければならないからです。神とともに生きるか、神に逆らって生きるか、という自由です。天国は必然的にその対極を必要とします。地獄が存在する、ということがわからなかったら、天国が何か、どうしてわかるでしょう？

　私は、地獄とは空虚だと思います。

　ただし、ひとつ限定があって、地獄にはサタンがいます。

　あなたはこう叫ぶでしょう――しかし、それはただの伝説じゃないか。悪魔というのはおとぎ話の登場人物で、そんなものはいやしない、と〔「サタン（Satan）」は元来ヘブライ語で「敵対者」の意。「悪魔（Teufel）」はギリシャ語の「ディアーボロス」を語源とし、元来は誹謗者の意〕。

　待って下さい！　すべては解釈の問題です。

　昔（神話の中の話ですが、神話は知性よりもはるかに多くのことを知っているのです）、ルシファー、光をもたらす者、という名前の最も位の高い天使がいました。彼は神のすぐそばにおり、神と同じくらい強力でしたが、やはり神に創られた存在でした。しかし、このことを、創られたということを、彼の誇りは我慢することができなかったのです。彼は被造者ではなく、自分自身が創造者になろうと思ったのです。そこで彼は高慢と怒りの想いで神に背き、自分自身の国を創り、そこで彼は、ほとんど神と等しい彼の力のすべてを神に敵対させ、すべての人間を神に反逆するように扇動しました。神のパートナーであったルシファーはサタン、神の敵対者になったのです。私たちはサタンを悪魔としました〔ルシファーは元来ローマ神話で「明けの明星」のこと。旧約聖書イザヤ書第一四章に「明けの明星が天から落ちた」という記述があるが、古代の教会のラテン語訳の聖書ではこれが「ルシファー」と訳された。この箇所は新約聖書ルカ福音書第一〇章の「サタンが稲妻のように天から落ちる」と結びつけられ、堕天使ルシファーの神話が生まれた〕。

恐ろしい神話です。

私たちは彼の現実的作用を体験しています。いったいどのようにして？

神は大地、光、熱、植物、動物、そして人間を創造し、一切は調和していました。ただしそこには、人間がその調和を破壊する、という可能性が存在しました。そして人間はその調和を破壊しているのです！　その際、人間は神よりすぐれている、と妄想しています。神は鳥を創造しました――人間は飛行機を作ります。神は魚を創造しました――人間は潜水艦を作ります。神はエネルギーの源泉として太陽を創造しました――人間は原子力を発見し、それを武器に利用して喜んでいます。神は生命を創造しました――人間はレトルトの中で生命を創り出そうと試みています。神は人間の知性を創造しました――人間はなぜその力を自分自身に背くように用いるのでしょう？　人間はなぜ自分自身に毒を盛るのでしょう？　人間はなぜ自分自身の破滅を準備するのでしょう？

こう言っているのはまさにサタンなのです——すべては行なうことができる、だからそれを行なえ！　自分たちのやることにいかなる限界も設けるな！　お前たちは神と同じくらい強力なのだ！

こうして、私たちは神の意志である進歩を、まったくサタンの意に従って応用しているのです。私たちはこれからもどんどん進歩が続くと相変わらず信じていますが、道が後方へ転ずる限界にすでにぶつかっているのです。

昔の物語ではしばしば次のようなことが語られています。逃げ道のない窮地に陥った人間に、悪魔がひとつの契約を申し出ます——私はお前に富と権力と長寿を授けよう。私がお前から要求するのはほんのわずかなもので、いわばゼロに等しい——長い栄耀栄華の人生のあとで、お前はお前の魂を私に渡すだけでよい。そんなことはお前にはどうでもよいことだろう、だってお前は死んでいるのだからな。

サタンはこの契約を彼なりに守っています——彼は技術的進歩を授けてくれました。私たちが彼に支払っているのは「魂」です。自然における、私たちの人格における、社会におけるバランスの破壊によって、進歩の代金を支払っているのです。私たちは本源的な信頼感の喪失と、世界的な恐怖と、絶望によってその代価を支払っているのです。私たちはサタンが身近にいることを感じていいます――彼は氷のような冷酷さを広げ、愛を抹殺し、非合理的な破壊的激情を目覚めさせ、万人の万人に対する戦いという邪悪な欲望を私たちに喚起しています。

歴史とは救済史である、それは神とサタンの間の戦いなのだ――こう言ったのは、キリスト教神学者でも信仰深い人間でもなく、詩人ゲーテでした「『西東詩集』の「砂漠のイスラエル」の中に、「世界史と人類史の真にして、唯一にして、最も深いテーマは、その他のすべてのテーマが従属する、不信仰と信仰の対立であり続けている」という一節がある」。

東洋の諸宗教は光と闇の戦いについて語っています。

目下のところ、あるゆる破壊的な堕天使を引き連れたサタンが勝利しているかのように見えます。しかし、このように悲観的なことを考えるということからして、すでにサタンの仕業なのです！　すべての否定的な想念、すべての絶望はサタンに味方する働きをします。一度大都会の通りを歩いて、人々を見てごらんなさい――彼らが互いに相手を避け、疑い、憎んでいるさまを。冷酷さ、苛烈さ、闘争心というサタン的精神がはっきり感知できるほど漂っています。光そのものが現われているような顔が見つかるかどうか、捜してごらんなさい！

そして、これらすべての憎悪に満ちた人々……彼らはどうなっているのでしょう？　彼らはサタンの側にいるのです。彼らは地上に神の国をつくるかわりに、サタンと一緒に地上に地獄の国をうちたてるのでしょうか？

しかし、やはり神が勝利したときには、彼らは永遠の「地獄」に行くのでしょうか？

私はそのように考えることはできません。なぜなら、私たちすべてには、たとえどんな苛酷な搾取者であれ、独裁者であれ、迫害者であれ、彼らにも情状酌量の事由が認められるからです。私たちすべては人生が困難なのです。私たちは弱いのです。私たちはいつでも私たちが生きている時代の子なのです。私たちは、私たちの自由の重荷を担うには、あまりにか弱いのです。人間を弁護するために、多くの理由をあげることができます。

それどころか、サタンでさえ弁護できます。もちろん、私は本当はそんなことを言ってはならないのです。そんなことを言うと、私は異端者だという悪評が立つでしょう。しかし、私がそのことで言いたいのは、キリスト教神学が公式に教えていることよりも、本来もっとキリスト教的な事柄なのです。私は、世の終わりには、サタンは再び天使ルシファーになり、神に戻ると信じています。

そのころ九歳だった私の下の息子が、こう言ったことがあります。「でも、悪魔は地獄にいて、とっても悲しいに違いないね。ぼく、悪魔がかわいそうだな。悪魔さんを赦してくれるように、神様にお願いしなくちゃならないね」

このことは、神学的な用語で、初期の教父たちがすでに語っていたことです――救済の業はルシファー＝サタンにまで及ぼされねばならず、神の愛は彼を再び受け入れなければならない、と。しかし、教会はこれを邪説と宣言いたしました。この問題は一見そう見えるほど単純ではないのです。これに関してはもっと多くのことを論じなければならないでしょう。しかし、ここではこのように暗示しておくだけでやめておきましょう。

　天国について語るのはもっと簡単です。すべての人はこの天国なるものを、自分のあらゆる願望が成就された状態として想像しています。私の天国とはこのようなものであってほしいと考えています――私は星々やすべての原子が旋回するときに鳴り響く無限の音楽を聴きます。そしてこの音楽を聴きながら、私はすべてを理解するに違いありません、すなわち、すべては愛である、ということを。

　そのことはごくまれな瞬間においては、私はすでに今でもわかっています。しかし、私はそれをただ予感として、あまりにも遠方の響きとして知っているにすぎません。私はそれが持続してほしいのです！　目下のところ、私はすべての人間と同じように、煉獄にいるのだと思います。私たちが肉体の死のあとでさらに浄化の場所を必要とするかどうか、という問題はペンディングにしておきましょう。このような考え方を退けることはできません。しかしまた、「生まれ変わり」というものがある、と信じている何百万人もの人々と意見を同じくすることもできます。これは、死んだあとしばらくの時間をおいて、「魂」が、あるいはより正しくは霊的人格が、再肉化し、新しい地上の生を開始する、という考え方です。この新しい人生へ、霊は良いものも悪いものも、前世のすべての果実をたずさえて戻ってきます。新しい人生は、より高く進歩向上する機会を霊に与えます。西洋のカトリックの神学はこのカルマ説を断固として否定していますが、それは、自分を「改善」できる人生がさらにいくつもあるという見込みがあると、人間が現在の人生において、自分を改善するために何もしないようになる、と考えるからです。私は、その反対こそ本当であるに違いない、と思います——来世においては、今生の努力のおかげで、最初からより高い認識段階で生まれるという見込みは、倫理的な行為を行なうための大きな動因になるに違いありません。そして、霊的にだらしない生活の結果は来世で受けることになり、多くの苦しみを通して再び向上しなければならない、ということを知れば、それは少なくとも「キリスト教の地獄」の見通しと同じくらい効果的に悪行を防止してくれるでしょう。実際には、キリスト教が転生説を否定する背後には、異なった歴史理解があるのです——西洋では歴史は直線と見られています。これは一度開始され、イエスの地上への出現においてその最初の頂点に達し、次に数世紀あるいは数千年紀を通じてその絶対的な頂点および終点を目指して進んで行きます。この終点とはイエスの第二の出現であり、この歴史的時間の終わりです。東洋的思考は歴史を円環と見ます——そこには常に生成と消滅があります。シヴァ神〔ヒンドゥー教の三主神のひとつで、破壊の神〕は創造したものを常に破壊し、それを新たに再建します。そして、人々に高次の認識を伝えるために、神の使者は常にやってまいります。

実際のところ、両方の見解は一見そう見えるほど互いに異なっているわけではありません。なぜなら、東洋においても上に向かっての発展があり、円環はらせんになるからです。そして西洋においても、キリスト・イエスの再臨において、私たちには「新しい地と新しい天」が約束されています（ヨハネ黙示録第二一章）。ですから、ここにもいくらか円環的観念が含まれていることになります。

それがどうであれ、大切なのは（そしてこの点において教皇は正しいのです）、私たちが自分自身を人類救済の壮大なドラマの演技者の一員として再び理解し、私たちの運命が死によって終わりになるのではなく、別の「場所」において存続する、ということなのです。

第十一章　祈りは古くさいか

質問「祈りというのも、耳にすると我慢のできない言葉です。祈り（Beten）というのはお願い（Bitten）という言葉から来ているのでしょう？　つまり、目に見えない神様にお願いするわけです――試験に合格させてくれとか、大学に入れてくれとか、苦しい状態から助け出してくれとか。でもそんなことは馬鹿げています。まるで、神がそんなことにかまってくれるみたいじゃありませんか。人間は自分で自分を助けるしかないんです。もし私が何かを祈るとすれば、それは軍拡競争が終わりますようにだとか、刑務所が囚人の再教育のための施設になりますようにだとか、政党がなくなるようにだとか、環境を汚染する人や企業がなくなるようにだとか、原発がなくなるように、などと祈るでしょう。でも、それでどうなるんです？　何百万人の人がそういうことを祈ったとしても、それで何が変わるんです？　神様は政治家や、多国籍企業のトップや、武器製造業者を変えてくれません。やっぱりそうでしょう！　それでも祈らなければならないんですか？　時間の無駄ですね」

そうですね、私が徹頭徹尾政治的な人間であれば、私もそう考えます。私たちの世界の悪い状態を変えるためには、人間は自分で何かをしなければなりません——デモをするとか、声明文に署名するとか、政治的な大衆運動をするとか。

しかし……。「なんですって、しかしですって?」とあなたは言うかもしれませんが、私は祈りと行動の二つが互いに排除しあうものだとは思いません。反対に、一方は他方なしにはありえないと思います。しかし、祈りとはいったい何でしょう?

あるとき私はフランクフルト空港で、雑踏の真中で小さな絨毯を広げ、ひざまずき、顔を南東に向け、一生懸命に祈っている男の人を見たことがあります。それは、イスラム教が定めているように、目をイスラム教の聖地メッカのほうに向けて、毎日何回かの祈りを祈っているイスラム教徒でした。

ずっと以前から私の机の上には、新聞から切り抜いた一枚の写真が飾ってあります——あるインドの寺院の前の広い広場です。手前には、撮影者のほうに背中を向けて、一人の婦人がしゃがんでいます。どうやら仕事に行く途中の道路掃除婦か清掃婦のようで、彼女は二本の箒を自分の脇の路上に置いています。彼女は両手を組み合わせて、額の高さに上げています——彼女は祈っているのです。ヒンドゥー教徒や仏教徒には定まった祈りの時間はありません。彼らは祈りたいという欲求を感じたときに祈るのです。

あるとき、私が教会に最も反逆的だったころ、旅の途中にルルドに立ち寄ったことがあります。私は夜にもちろんマリアの洞窟に行きました。もう時間も遅かったのですが、身体障害者やそのほかの車椅子に乗った病人だけでなく、大勢の祈る人々がそこにいました。雨が降り始め、人々は立ち去りました。一人の男の人（どうやらスペイン人の司祭でした）が残って、大地にひざまずいていましたが、彼は雨水が自分の膝のまわりに集まるのにも気がつきません。彼は両手を広げ、顔を聖母像のほうに向けて祈っていました。ちょうどそのころ、私はこのようなあからさまな表現のしかたには反発を感じていたので、ショックを受けました。しかし、雨の中であくまでも祈り続けるこの人に、深い印象も受けました。私は、ここで起こっていることには静かな尊敬の念をいだかなければならないのだ、ということを感じました。私は、自分も本当はそのように祈れるようになりたいのだ、という自分の気持ちを正直に認めました。

少し前のことですが、私は知人たちと一緒に夜、ローマの町にいました。私たちが教会の開いた扉の前を通りかかったのは一〇時半でした。教会の前には若い人たちのグループが立っていました。イタリア人です。別の二、三人が薄暗い教会の地面の上に、瞑想の姿勢でかがんでいるのが見えました。私が聞いたところでは、これらの若い人たちは一種の宗教的奉仕団に属しているとのことでした。彼らはみな自分の仕事を持っており、大部分は学校の生徒や大学の学生です。仕事と勉学のかたわら、彼らは自発的にローマの場末地区で社会奉仕をしているのです。彼らは老人を訪ねたり、彼らのために買い物をしたり、住居を掃除したり、子供たちの世話をしたり、麻薬依存者を訪問したり、要するに、キリスト教徒が当然するべきことをしているのです。夜、彼らは、一緒に瞑想したり祈ったりするために、トラステヴェレ〔ローマ市のテヴェレ川右岸の下町地区〕の小さな教会に集まるのです。「そうしなければ、私たちは日中の本当にきつい仕事を耐え抜くことはできません」と、一人のお嬢さんが私に語りました。「私たちは余暇も娯楽もあきらめて、この教会の中で力を受け取るのです」

これらすべての祈る人たちは、祈りに意味があるのかとか、祈りなんか古くさいのではないかとか、尋ねたりいたしません。彼らはただ祈り、祈りの中で彼らはその意味とポジティブな作用を体験するのです。

あなたはこう言うでしょう——その意味とは結びつき、つまり共同性の体験にあるんだ、と。それでは、ひとりで祈るインド人や、ひとりで祈るイスラム教徒や、ルルドのひとりで祈る司祭はどうなのでしょう?

イスラム教徒は、同じ時間に何百万人ものイスラム教徒が定時の祈りをしているのを知っています。彼は共同性を感じています。

では、ただひとりで祈っているときはどうなのでしょう?　そのときは祈りは共同性の体験になっていないのでしょうか？　それとも、やはりなっているのでしょうか？

こういう問題です――共同性を体験するためには、祈り以外のほかのこともできるのでしょうか？　たとえば踊りとか、歌とか、演劇とか、お祭りとか。たしかにできます。そして、かつてはそれらすべてが結びついており、それは「祭祀」、つまり神的なものを一定の形式で礼拝することでした。そこで、西欧的知性にまだ汚染されていないアフリカの諸部族は、今日でもなお祈ります。彼らにとっては踊り、音楽、朗唱という形で行なわれる共同の祈りは、まだ実際に生活の一部なのです。

あなたたち今日の若者は、このような結びつきを再び求めているのではありませんか。たとえばポップミュージック・フェスティバルを行なうとき、それは一見しばしば祈りとはまったく違ったふうに見えるかもしれませんが、あなたがたが求めているのは祭祀的な共同性体験なのです。一緒にいること、一緒に音楽に陶酔して我を忘れること、一緒にドラッグをのんで一緒につまらない現実世界を離れて別の世界に入ること、それがあなたたちの祭祀の形式です。あなたたちはそのとき神のことは考えません。しかし、あなたたちは「ディオニュソス的な陶酔」を体験し、その体験の中で神的なものがあなたたちに触れ合うのです〔ディオニュソスはギリシャ神話の豊饒と酒の神〕。あなたたちの祝祭的な体験は、別の世界が存在すること、そこでは仕事も、所有も、お金も、成功も問題ではなく、ただ「他なるもの」を内的に体験することだけが重要な別の世界が存在することへの信仰告白です。このような種類の「祈り」があなたたち相互の横の結びつきと、形而上的な種類の第三者への結びつきをつくり出します。古代ギリシャでは、このような陶酔はディオニュソス神を讃えるために祝われました。しかし、ギリシャには別種の祭祀もありました。それはアポロン神に捧げられた祭りで、それは陶酔を許さず、ただ純粋で静かな崇拝を要求しました〔ニーチェは『悲劇の誕生』の中で、ギリシャにおけるディオニュソスとアポロンという神性の二つの形式について論じている〕。キリスト教の祭祀はアポロン的な性質です。それは厳密な形式を持っています。キリスト教の祭祀もまた共同性との、神的なものとの結びつきをつくり出します。

そして、ひとりで祈る人も、世界中のすべての祈る人々の大きな共同体の中に常に生きているのです。祈りとはいつでも全存在との結びつきの中に入ることを意味しています。この結びつきから、人間には力が流れ込んできます。そして、神と世界に対する信頼がかき乱されても、それが再び回復されるのです。

おわかりのように、私は祈りについてあなたとは違った見解を持っています。あなたは、祈りとは何か特定のことを願うことだと考えています。そしてそれは子供っぽくて古くさいことに思われるのです。あなたの考えは正しくもあるし、間違ってもいます。

私の知人の子供である利発な女の子が、こんなことをしたことがあります。彼女は電話のところに行って、次から次へとたくさんの番号を回し、最後にこう言ったのです。「もしもし神様とお話できますか？　あなたが神様ですか？　電話がとっても遠いんです。すみませんが、あたしの声が聞こえますか？　お願いです、おばあちゃんをすぐに元気にしてあげて下さい。ありがとうございます。さようなら。あたしはミュンヒェンのイーナといいます」

　これはセンチメンタルで感動的なお話としてほほえむこともできます。でも私は別の見方をします。もちろん、「天国」は、天使が四六時中勤務していて、人間たちのあらゆる願い事を「神」に取り次ぎ、そして神がその願い事の申請を認可したり却下したりする電話交換室ではありません。しかし、技術時代生まれの少女は、これ以外の考え方を持っていなかったのです。この考え方に現われていたのは、生への根源的な信頼です。彼女は、苛酷な世界の中でひとり見捨てられているとは感じなかったのです。彼女は、「あなた」と呼びかけることができて、その呼びかけを聞いてくれる存在と結びついている、と感じていたのです。

　あるとき、祈りに関する会話の際に、ひとりの若い女性が、当惑した微笑を浮かべて私にこう言いました。「私の言うことが馬鹿げているということは自分でもなんとなくわかっているのですが、でもやはり言いたいと思います。つまり、私が信じている神が、同時に何百万もの祈りを聞くなどということは、私には想像できません」

　そういうことはもちろん想像もできません。その女性に対して、一人の友人が冗談めかして次のように答えましたが、それも同じくらい想像もできないことです。「それなら君は、すべての祈りがインプットされて、次から次へと処理されてゆく巨大なコンピューターのことを考えてみなさいよ」

別の一人がこう言いました――シーザーやナポレオンやほかの誰かは、同時に四通もの手紙を口述し、そのかたわらで色々な請願者の申請にも耳を傾けたのではなかったかい？

また別の一人はこう言いました――ぼくが理解できないのは、たとえば戦争で一方の民族が自分たちの勝利を祈り、敵の民族も同じことを祈るということだ。そして、たとえば農民が雨を祈り、学校の生徒が同じ日に遠足ができるように晴天を祈るというように、まったく相対立する願い事が神に向けられることだ。そうすると、一方の側は聞き入れられ、他方は聞き入れられないということになる。神はどちらが重要か考量するのだろうか？　しかし、何が重要なのだろう？

この会話で私たちは、私たちの「取りなし手」である「聖者」とはどんな存在か、ということも論じました。もちろん、遺失物を見つけてくれるのを助けてくれるパドゥアの聖アントニウス〔一一九五～一二三一。イタリアの町パドゥアに生きた聖者。遺失物発見の守護聖者とされている〕のことが話題にのぼりました。ルルドの奇蹟のことも論じられました。「聖者」が私たちを助けてくれることは、私たちすべてには十分ありうることのように思われました。なぜなら、彼らはその至福の状態の中にあって、ほかに何をしたらよいのでしょう？　彼らはすでに地上に生きていたときに深い愛の持ち主であったのですから（そうでない人は聖者にはなりません！）、霊界移行者としても、彼らが愛したり援助したりしないわけがありません。聖母マリアは多くの人々にはまさに人間と神の間の「仲介者」と思われているのです。

私自身は、祈りとは何か、ということに関する別の説明あるいは別の言い方を持っています——私たちが祈るとき、私たちは「神」と結びつくのです。私たちは神に語りかけます。私たちはなぜそのようなことをするのでしょう？　そうするようにと教えられたからでしょうか？　目には見えないけれども、常に人間とともにあって、人間に心を向けている存在を想定するという天才的な着想を思いついたのは、いったい誰なのでしょう？

私たちはただ、私たちの内部の「イデア」に対応したものだけを認識できるのです。私たちは私たちの内部に神を持っているのです。この内なる神は、祈りによって私たちの上なる神と結びつきます。そうすると、電流の回路がつながります。そのことによって、私たちは一人のときよりも強い力を呼び起こします。強烈な祈禱者は途方もない力を持っています。彼らは奇蹟を行なうことができます。彼らはたとえば病気を癒すことができます。イエスの奇蹟は、彼にとってはまったく当たり前のことでした——彼は「父」に、上なる神に呼びかけ、上なる神は神の子と結びつき、その結びつきは超人的な力になりました。私たちはすべて「奇蹟を行なう」ことができる、とイエスは語りました〔マタイ福音書第一七章〕。私たちが内なる神を私たちの自分勝手な利己的自我でおおわなければ、私たちはそれが行なえるでしょう。私たちが内なる神を働かせれば、つまり私たちがより強く愛するならば、私たちは他人のための願い事によって、そして自分のための願い事によっても、上なる神に到達することができるでしょう。それが、神はなぜあれこれの熱い願いをお聞き入れにならないのか、という嘆きに対する答えです――そのような願いは自我欲望が純化されておらず、そのため十分に強力ではないのです。私たちの願望の成就をはばむものは、しばしば私たち自身の無意識、あるいはより正しくは私たち自身の高次意識でもあるのです。つまり、そのようなとき私たちは、私たちの道にとってよくないものを祈りによって手に入れようとしていたのです。

しかし実際には、あなたたち今日の若者は、祈りとは必ずしも願望成就を願うことではない、ということを知っているのです。あなたたちが通常の言葉による祈りよりも瞑想のほうを好むのであれば、あなたたちは本来の祈りについて多くのことを理解しているのです。

人は神にあれこれの細々としたものを願うのではなく、神ご自身を求めるべきです。それこそ、成功した瞑想において起こっていることなのです。人はそのとき、神が存在し、私たちのためにここにいる、ということを体験するのです。

イスラムの宗教を研究していたとき、私はたいへん美しい物語を見つけました。一人の人間がいつでも「おお、神よ」と叫んでいました。そこに悪魔がやってきて、彼をからかいました。「お前は叫んでいるが、決して答えを聞くことはないだろう」。その祈禱者は心をとり乱して家に帰りました。その夜、彼は夢を見ましたが、それを彼は次のような詩句に書きとめました。

私は神を求めたが、神を見いださなかった。
私は上に向かって叫び、光を乞うた。
私が泣きながら立ち去ったとき、
何ものかが柔らかく私の肩をつかんだ。
我は汝を求めていたが、いま汝のもとにある。
私にはこのように聞こえ、神は私とともに家に帰ってきたのであった。

この教訓物語は、基本的には私が以前言ったのと同じことを語っています。私たちが神を求めるのではなく、神が私たちを求めるのです。あるいはむしろ、私たちが私たち自身を求めるのです。上なる神が私たちに呼びかけているので、内なる神が上なる神を求めるのです。祈りの真の意味は、人間——神——人間という回路を形成することです。

イスラムの物語では、神が祈禱者の肩に柔らかく触れた、と言われています。これは熱心に祈る人が体験する、まったく実際の観察です。彼らは祈りのとき、あたかも誰かがかたわらに来たかのように、突然不思議な温かさを感じます。また、内部の目や皮膚で光の感覚を知覚する人もかなりいます。このような体験をするのは、ヒステリー患者や空想家などではなく、そのような体験をことさら求めず、それに大きな意義を認めない冷静な人々です。そういう体験よりも彼らにとってもっと大切なのは、彼らが祈りのあとでもっと深く愛せるようになり、もっと人々のために生きられるようになることなのです。

祈りの真の効果とはこれです——より強い愛と、すべての人間の一体性のより明晰なる認識です。

しかし私は、このような高尚な考え方からいま一度少しばかり下に降りて、二、三の別の質問に答えてみたいと思います。多くの若い人たちを邪魔しているのは、現存するすべての祈りにおいて、神が「主」や「父」として呼びかけられていることです。しかし、これは神が当然男性で、当然「父」でなければならなかった家父長主義的な時代の残滓と考えなければなりません。神は男性でもないし女性でもありません。神は父でもないし母でもありません。神は神です。父なる神の観念がかくも執拗に存続しているのには、特別な理由があります。神はとりわけ宇宙の創造者、維持者、秩序者と考えられています。創造と秩序は、いわゆる「男性的」と呼ばれる分野に属しています。もちろんそのことは、ただ男性だけが創造し、維持し、統治し、秩序づけることができる、ということではありません。それはむしろ、宇宙には創造し秩序づけるひとつの力、「霊」と名づけ、「男性的」と呼ぶことができるひとつの力が存在する、ということを意味します。宇宙の別の極は「女性的」と呼ばれます。それは、「女性」が創造的ではないとか、精神的に秩序づける能力がないとかいうことではありません。でもそれは、全宇宙には二つの異なった、しかし互いに協力しあう力が存在する、ということを意味します――生み出す力と受け入れる力です。

この太古の認識から、創造的原理としての神は男性的であり、他方、すべてを神から受け取る被造物は女性的である、という見解が導き出されたのです。たしかに、そういう言い方もできるのです。しかしそれにもかかわらず、もし神がその両方、つまり男性的でもあり女性的でもなかったならば、神は神ではないでしょう。

父親たちと父親的な権威を否定する時代において、神を父として呼びかけることに抵抗を感ずる人は、まさにこの呼びかけをやめるべきです。呼びかけるあなたが男か女か想像しないほうがよいのです。

人類に伝承されている最も古い祈りのひとつ、インドのある祈りの中では、次のように言われています。

我を無から有へと到達せしめ給え。

我を暗闇から光明へと到達せしめ給え。

我を死から生へと到達せしめ給え。


ここでは、呼びかけられている神の名は登場せず、神にはいかなる属性も付与されていませんでした。神は神であり、それゆえすべてであったのです。

さて私はさらに、いわゆる「日々の祈り」に関係する別の質問に答えなければなりません。この質問者は、「左翼」として知られているある知識人のところに客として招かれましたが、そこで、両親が三人の子供たちと一緒に食事の前にお祈りをする、という場面を経験いたしました。手紙の書き手は、それは悪趣味でショッキングなことだと思いました。悪趣味だと思ったのは、それが客の居合わせるところで行なわれたからで、ショッキングだったのは、そういう祈りがそもそも行なわれたからです。書き手がいだいていた、非常に進歩的な「左翼」の観念は、粉々に崩れ去りました。

でも、誰かが食前や食後にも祈りを祈ることの、いったいどこがそんなにショッキングなのでしょう?

K君、もしあなたが祈りに別の解釈を行なうことができないのであれば、少なくとも祈りの精神衛生的な効果だけでも受け入れるようにしてみて下さい――祈りは仕事と食事の間の中休みです。祈りは心を落ち着かせ、以前の活動から距離を取らせ、精神を集中させる作用を持ちます。それは神経質にがつがつと飲み込むことを防いでくれます。

食卓の祈りはまた美しくもあります。がつがつと食物に飛びかかるのは動物だけです。食べ始める前に、まず餌の前にしばらく腰を下ろす動物さえ二、三あるのです。

私の食前の祈りはこうです。「私がいま摂取する物質から精神をつくり給え、何百万人もの人が飢えているときに私が食べることを許し給え」

あなたはこう言うでしょう――そんなことをしても飢えた人を助けることにはならないよ、と。

しかし、その祈りが私に力を貸し、飢えた人たちを具体的に援助するように行動させたらどうでしょう?!　もしそれが私を動かして、食べる量を少なくし、もっと安いものを食べ、余った分を飢えた人々に寄付するようにさせたらどうでしょう?!　そのとき、それが焼け石の上の一滴の水にすぎず、飢えている人たちに、彼らに与えられてしかるべきパンを本当に与えるためには、社会主義の政策が必要であることを忘れないことはもちろんです。

私は先に祈りの「精神衛生的な」価値について語りました。それを説明いたしましょう――子供たちは一日中、何度も周囲によって頭を混乱させられ、侮辱され、傷つけられています、自分の両親によっても、そしてとくに両親によって。日中に体験したことを、子供たちは眠りの中へ持ち込みます。これは悪い夢を引き起こし、この悪い夢がまた悪い白日夢と新しい傷を引き起こします。両親は子供に平和を与えなければなりません。子供と一緒に祈ると、それができます。美しい就寝前の祈りがあります。たとえばこのような祈りです――「夜、私が眠るとき、一四人の天使が私のまわりに立っています。二人は私の右側、二人は私の左側、……」このような祈りは子供に人生に対する信頼を与えます。そして、これこそが祈りの効果なのです――宇宙との結びつきの感情によって、信頼をつくり出すことです。

祈り、それは信心に凝り固まった年老いた男女のためのものではありません。それは明瞭なことでしょう？　祈りのために使われた時間は無駄だと、あなたは本当に考えているのですか？

しばらく前に、人工衛星「スカイラブ」が今にも地上に墜落するかもしれない、というニュースが流されたとき、私たちはみな、自分で認めようが認めまいが、不安を感じました。一人の男性がいくつかの国の新聞に投稿し、すべての人が精神を集中して、スカイラブが損害を与えることなく、海か無人地帯に落下するようにそれを導こう、と呼びかけました。人工衛星は一部は海に、一部は西オーストラリアの無人地帯に落下しました（一九七九年七月、アメリカの巨大人工衛星スカイラブがインド洋とオーストラリア南西部に墜落した）。この共同の精神集中がこのような効果を持ったとしたらどうでしょう？　そして、もし私たちが私たちのこのような力をほかの危険に対しても向けたらどうでしょう？　霊、つまり内なる神が、世界を変えることができるのではないでしょうか？　もし私たちがどんな力を持っているのか、まだ全然理解していなかったとしたらどうでしょう？　もし私たちが私たちの祈りの力を開発したらどうなることでしょう？

第十二章　死の恐怖

質問「若者が死の恐怖を持つというのは、本来はおかしなことです。私は一七歳ですから、おそらくまだかなり長い人生が生きられるわけです。私は、自分がなぜこんな不安を持つのか、と自問します。それは死のあとに来るものへの恐怖、あるいは正しく言えば、死のあとに来ないものへの恐怖であると思います。多分そうなのでしょう。宗教が私たちに教えていることが真実であるのかどうか、私にはわかりません。つまり、死後にも生命が存続する、ということがです。そもそもそういうことを誰が知ることができるでしょう？　いずれにせよ私は、死によって一切がそれきり終わりになるのではないか、という恐怖を持っています。さらに私は祖母が死ぬのを見ました。彼女が臨終のとき喉をならしたのは恐ろしいことでした。私は自分の死に対しても恐怖を持っています」

これは二つの質問です。ひとつの質問は死の過程、つまり具体的な生物学的な体験に関係しています。しかし、もう一方の質問は、人間の一般的経験ではなく、「形而上学」、宗教の分野に属しています。まず最初の質問を考えてみましょう。あなたは死の恐怖を持っています。あなたはおばあさんが死ぬのを見ました。どうやらそれは安らかな最期ではなかったようです。彼女は喉をならしました、つまり呼吸困難になりました。そこであなたには、死は緩慢な窒息死という恐ろしい過程に思えるわけです。こういう観念を非常に多くの人たちがいだいています。子供のころ、私は死についてずいぶん考えたものです。私はそのころ、まだ人が死ぬのを見たことがありませんでした。どうして私は死を窒息というように考えるようになったのでしょう？　当時、私は死の練習をしました。私の顔の上に重たい布団をかぶせて、空気がなくなり、ほとんど気絶しそうになるまでその下にいるのです。気が遠くなってくると、私は布団をはねのけて、おもいきり深呼吸をして、自分が生きている、ということを大きな喜びをもって感じたのでした。

多くの人々が死を窒息と同一視し、それに恐れをいだいていますから、それには理由があるに相違ありません。あたかも、私たちがすでに一度この死の体験をしたことを覚えているかのようです。しかし、いつそういう体験をしたのでしょう？

不安・恐怖（Angst）という語は狭さ（Enge）という語と関連しています。私たちはすべてすでに一度、恐ろしい狭い場所を通り抜けなければならなかったのではないでしょうか？　私たちは疑似窒息の過程を体験したことがあるのではないでしょうか——そう、誕生のときに?! 胎児が母胎の中でどれほど安全に生きているかを想像してみて下さい。もちろん、胎児はこの状態でもすでにいくつかの苦しみや誕生前の障害を耐えなければなりません。しかしそれにもかかわらず、胎児は自分本来の領域にいると感じています。それから誕生の時がやってきます。胎児は医学用語でいうところの「娩出（austreiben＝追放）」されなければなりません。子供はしばしば非常に狭い骨盤の間を通り抜けなければなりません。とても長くかかる出産もかなりあります。そのように苦しんで通らなければならないということは、子供にとって恐ろしい体験に違いありません。擦り傷だらけで、自分では息もしないで、子供は生まれてきます。子供は死んでいるように見えます。ようやくしばらくしてから、子供は呼吸し泣き始めます。つまり生き始めるわけです。私たちは誕生の記憶である根源的な恐怖を内部に持っているのではないでしょうか？　私たちが自分の死を考えるとき、自分の誕生のことを思い出すのです。暗くて狭いところを通り抜けたときの恐怖を思い出すのです。

でも、私たちに恐怖を引き起こすこの記憶は、同時に、私たちから死の恐怖を取り除いてくれる記憶でもあるのではないでしょうか？

死とはまた、一種の誕生過程ではないのでしょうか？

あなたはここでこう叫ぶことでしょう——それはまったくの仮説にすぎない。それは何ものによっても証明できないひとつの信仰じゃないか。死によってすべてがおしまいになるのであって、いわば逆向きの誕生過程などということは問題にもなりえない、ということもまったく同じようにありうるのではないのか、と。あなたの言うことは正しい――私の考えにはいかなる証拠もありません。しかし、この信仰が間違っているという証拠を見せて下さい。あなたは少なくともこういうことは想像できないでしょうか？　人間が死の苦しみを終え、残された人たちには死んでしまったように見えたそのあとに、その人が別の息吹の中で目覚め、そこでまた生き始める、ということを？

いいえ、私はあなたに心霊主義者のことを教えようというのではありません。彼らは自分たちの願望の力によって、死者の「魂」をもう一度呼びよせることができる、と信じています。彼らが実際に呼びよせているのは、死において消尽されなかった人間のエネルギーで、それは乳白色の雲のような形となって現われるのです〔心霊科学で言ういわゆるエクトプラズムのことを指しているのだろう〕。それはいかさまではなく、本当にあることです。意識がとっくになくなっても、私たちの物質的な肉体がしばらくの間生き続けるのと同じように、私たちの生体エネルギーも生き続けるのです。いわゆる「幽霊」が現われるとき、そこに徘徊しているのは、憎悪や愛着や、この地上に肉体状態のままで留まっていたいという強烈な願望によって増幅されている、死者の残存エネルギーなのです。霊媒たちが聞く死者の声も、まだしばらく「あちこちさまよっている（herumgeistern）」残留エネルギーの現われです。これは私たちの生命の死後存続の証拠ではありません。私はおしゃべりする灰色の雲の形で生き続け、あちこちさまよったりしたくはありません。

私は「さまよう（geistern）」などという言葉は使ってはならないのでしょう。私たちはまず最初に、使う言葉を整理しなければなりません〔geistern という語には Geist ＝霊という語が含まれているが、著者の考えでは、霊は神的な存在で、迷ったりするものではない。このことは日本語の「幽霊」と「霊」との関係にも当てはまるだろう〕。

人間は肉体（Leib）と魂（Seele）からなる、と私たちは習いました。肉体は死すべき存在ですが、魂は不死なので、死に際して肉体を去り、物質的な肉体を離れたあと、「天国」か「地獄」か「煉獄」に行く、というわけです。さてしかし、カトリックの教理は、肉体と魂は不可分一体である、と教えています。もしそうであるならば、死ぬときに実際には何が起こるのでしょうか？　肉体と魂が一体であれば、肉体が死ぬときには魂も死ぬことは論理的必然です。しかしそれでは、審判を受けなければならず、そのあと「永遠の中で」生き続けるものは何なのでしょう？

この点に関して、教理学はとてつもなく複雑な説明をしています。肉体と魂のほかに第三のもの、つまり霊（Geist）が存在する、と考えてはなぜいけないのか、私には理解できません。初期キリスト教時代には、この三分化はまったく自明のものとして受け入れられていました〔マタイ一一章で、イエスは、洗礼のヨハネはエリヤの再来である、と語っている。また、教父オリゲネス（一八五頃〜二五四頃）は、人間を肉体、魂、霊から成るものと考え、霊魂は肉体から肉体へと生まれ変わりながら成長し、やがて神と一つになると考えていた」。私はこの神学的問題と長い間取り組みましたが、人間はなるほど死すべき体・魂的統一体ではあるが、それにもかかわらず不死なる霊である、となぜ信じてはならないのか理解できません。

この霊とはいったい何でしょう？　人間において死なないものとは何でしょう？

イエスの死後、彼の弟子たちが集まり、自分たちの運命を心配していたとき、彼らの頭上に——と使徒言行録は伝えています——「炎のような舌」が現われ、彼らはもはや不安がなくなり、ユダヤ教徒や異教徒によって迫害されたり殺されたりする危険をおかしても、イエスの教えを広めようと決心いたしました。炎のような舌は天上からやってきたのでしょうか？　それは弟子たち自身の中からやってきたのだ、と私は思います——彼らの霊が目覚め、炎のように高く燃え上がったのです。

この霊を私たちはすべて内部に持っているのですが、私たちはそれを明確には自覚していません。使徒言行録では、この炎は「聖霊」と呼ばれています。この表現は正鵠を射ています——私たちすべての中には、私たちが霊的世界の市民であることを証明するこの聖霊がやどっているのです。この霊が私たちを（私たち一人ひとりを）、肉体的、精神的苦悩のいかなる制約をも克服し、それを乗り越えて生きることができる霊的人格にするのです。私たち自身にするもの、すなわち、宇宙にただひとつしかない生命とするものは、この霊です。霊がこの地上に存在できるためには、体・魂的統一体を必要とします。別の世界に存在するためには、霊はそのようなものを必要としません。そこで、霊は死ぬとき、それを捨て去るのです。霊はそこから立ち去らねばなりません、ちょうど子供が誕生のとき、母胎を立ち去らねばならないように。霊は死にません。霊は死ぬことができないのです。霊は不死です。人間が死ぬとき、霊は解放されます。したがって、死とは解放なのです。

死は解放であるというこの定義をあなたは受け入れてかまいませんが、どうぞそれを誤解しないで下さい——死はただ単に、完全な「忘却」によって、苦悩や、生への嫌悪や、煩わしい義務から解放されることではありませんし、あらゆる記憶をそなえたあなたの人格の消滅でもありません。死とは永続的な意識喪失状態の中に入ることではありません。死のあとには無が来るのではありません。

すでに物質的な肉体からして無に解消するのではなく、土や灰や熱エネルギーになります。魂もエネルギーとして存続し、姿を現わすことができます。それならば、人間において最も貴重なもの（人間を人間たらしめるもの）、霊的人格がどうして無になることがありましょう？

もちろん、このことは科学的に証明することはできません。そして、（自然）科学的に証明可能なもののみが現実的であり真実である、と考える人は、霊の不滅なんて信じません。でも、彼は霊が存在しないという反対の証明を行なうこともできません。つまり、彼の不信も単なる信念にすぎないわけです。しかし、「死ですべてはおしまいになる」と仮定してみましょう。たとえそのときでも、証明不可能な死後生命の非存在よりも、証明不可能な死後生命の存在を選ぶほうが、より人間にふさわしいことではないでしょうか？　もしたった一度の人生しかないのであれば、人生を大いに助けるユートピアを信じて、人生を美しく、有意義に生きるべきでしょう。

さて、私は人間の霊の、しかも個々の霊的人格の死後存続を信じています。しかし、私がまさにこの個性的な存続を信じるまでには、長い時間を要しました。私は東洋的な観念をいだく方向に傾いたことがありました——人間（その霊）は、死によって再び無差別の根源の火に戻る一個の火花である、あるいは、人間は再び大海に落ちる一滴の水滴である、という考えです。今では私はこう信じています——私の肉体と私の魂は、霊に仕えたあと、再び大きな貯蔵所に復帰します。私の霊がどこへ行くのか、あるいはもっと正しい言い方をすれば、私の霊が肉体および魂と別れたあとでどのような状態になるのかということは、私にはもちろんわかりません。これについては色々なことを想像できます。原始的な宗教から一神教的な高度宗教にいたるまで、すべての宗教にはこの別の現実に関する「イメージ」があります。大部分の宗教は「楽園」の記憶を保持しているように思われます――泉と、乳と蜜の流れる川と、感覚的な喜びに満ちた園です。イエスは家と宴について語りました〔ルカ福音書第一四章、ヨハネ福音書第一四章〕。しかし、もちろんこれも想像不可能なものを表わす形象にすぎません。私にとっては、何ものかが待ちうけている、つまり「永遠なる愛」の観照と、一切のものがどのようにつながりあい、一切のものの意味がどこにあるのか、ということに関する認識が私を待ちうけている、ということを信じるだけで十分なのです。死は新たな誕生だと私は信じています（私がここで語っているのは、別の体・魂的複合体への「転生」ではありません。これは別の問題ですが、それについてはあとで論じます）。私は人生の短かな一時期に、死への恐怖を、いやむしろ、私たちを待ちうけている未知なるものへの恐怖を、突然いだいたことがありました。それは本当に強烈な恐怖でした。そのころ、私は私を助けてくれる夢を見ました（夢にはしばしば助言や援助が現われます。ただし、それに注意することを学ばなければなりません）。私は自分が急流の上に漂う一艘の小舟の上にいるのを見ました。舟にはもう櫓もありませんし、舵もついていません。私は転覆が死ぬほど恐ろしかった。私は小舟にしがみつきました、まるでそうすれば救われるかのように。そのときひとつの声が聞こえました――「放せ、放すのだ！」。私はその声に従いました。私は舟の底に身を平らに横たえ、舟を流れにまかせました。その直後、私は舟が水の上に穏やかに浮かんでいるのに気がつきました――私は海に着いており、櫓も舵もなしに、広々とした至福の中へと航行しているのでした。

また別のときに、私は白昼の現実の中で似たような体験をしたことがあります――ザンクト・ゴットハルト・トンネル〔イタリア国境近くのスイス・アルプスを貫くトンネル〕を通るカー・トレインで運ばれる私の自動車の中に座っているときでした。自動車の運転に慣れていたので、私はカーブにさしかかるたびに死の恐怖におそわれました。なぜなら、運転しているのは私ではなく、目に見えない機関車の運転士であったからです。私は力を抜いて自分自身を投げ出す以外には何もできませんでした。しかし、私は恐怖のあまり冷や汗をかきました。自分がまったく何もできない状態で別の力にゆだねられているということは、一種の死の体験でした。しかし、とうとう長いトンネルを抜けました。すると列車は美しいスイスの五月の風景の中にいました。

あなたはもちろんこう言うでしょう――それは慰めを感ずることのできる美しい形象だけれども、しかしそれはまさにただの形象にすぎない、と。

でも、それがどうだというのです？　形象は真実なものを語ることができないのでしょうか？

しかし、どうか一度言ってみて下さい――あなたはなぜこれらの形象が「真実」であることを欲しないのかを。それらはあなたにはあまりに美しく思えるのでしょうか、それとも美は安っぽかったり、嘘っぽく思えるのでしょうか？

あなたは、野蛮なものや醜いものに愛着する時代の子なのですね！　あなたたちの見せかけのリアリズムといったら！　あなたたちは、一切を美化してただ美のみを承認する人たちと比べて、少しも賢くありませんよ。高い霊的な文化圏に住む何百万人もの人々が信じていることが、なぜ真実であってはならないのでしょう？　あなたが人生を正しく生きたあと「あの世」に到達し、そこであなたのより高次の能力をすべて完全に開発できるということを、あなたはなぜ信じようと望まないのでしょう？

しばらく前、私はある若い人たちのグループとこのテーマについて話し合ったことがあります。

生物学の教授の娘であるAはこう言いました——存在するのはただ一種類の不死性だけです。それは生物学的な不死性、つまり最初の細胞がどんどん新しく細胞分裂して生命が継承されることです。

Kは言いました——唯物主義者はこの種の不死性だけで十分なんだ。しかし、ぼくはごめんだね！　ぼくは精神的な不死性を考えるほうが好きだね。死なないものは様々の理念であって、それが各時代において、われわれに学問と文化の新しい道を求めさせるのだ。人はひとつの事業を後世に残すことによって、自分の不死性を手に入れるのだ。

まあそうかもしれませんね、と私は言いました。でも、飢え死にするインディオの子供や、ダウン症の子供はどうなんです？　両方とも何の事業も行ないませんし、生きた痕跡さえ残しません。それでは彼らは不死ではないのでしょうか？　そして、自分自身を現わす機会を全然持たなかった、誕生時に死んでしまった子供はどうなのでしょう？　それから、一度として「本来の自分」に目覚めることのない、うつろに生きている大勢の人たちは？　私たちはこう問わなければなりません――学歴だとか、成功だとか、職業だとか、お金だとか、名誉だとか、地位などといった、人間の周囲にまとわりついたすべてのものをはぎ取ったときに残る人間そのものとは何か、と。人が脳卒中を起こしたり老人認知症になったときに、彼に残るものは何なのでしょう？　彼が脅迫者や政敵によって何カ月もの間狭い地下室に閉じ込められるとき、彼に残るものは何なのでしょう？　あるいはまた、瞑想や精神分析による真の自己認識において、「裸」の自分を見つめるとき、彼に残るものは何なのでしょう？

そこに残るものは霊的人格であり、それは体・魂的結合体に依存した意識が停止したときでさえ不壊《ふえ》なのです。そこに残るのは、たとえ重い物質性におおわれてはいても、神的な火花なのです。

輪廻転生を信ずる人には、この神的な火花、つまり霊が、来世にまた新たに輝くことができると想像することは容易です。しかし、肉体的再生へのこのような信仰がなくても、この地上の生において精神を消し去ってしまったと見えたものが、「煉獄」、浄化の場所において、浄化の瞬間に再び生き返らせられる、と想像することはできます。

もちろん、これらすべては信仰の事柄であり、霊的認識の事柄です。

ある若い人が私に、自分は「死後」に関する問いは無意味だと思う、と語りました。ぼくたちは、それに関しては何も知らない、ということを知っています。それでは、なぜさらに尋ねる必要があるんです？　ぼくたちはこの地上世界ですることが十分にあるんじゃありませんか？　もしあの世があるなら、どうせ今にそれがわかるでしょう。もしあの世がなければ、ぼくたちは今ここでぼくたちの幸福を追求しなければなりません、ぼくたち自身の幸福と他の人々の幸福を。

そうですね、と私は言いました。もちろんそうかもしれませんね。でも、「あの世の問題」を無視することは、人生のひとつの次元を切り捨て、貧しくすることにはなりませんか？　形而上的な問題と取り組む人は、底の浅い唯物論者になることはできません。人間は精神的な問いかけを行なうことのできる存在です。だから、そういう問いかけを行なうべきなのです。人間の人間たるゆえんはまさに、彼が生物学的な生存期間を越えて考えることができる、という点にあるのです。

このような連関において、自殺についてはどのように考えるべきなのでしょう？　自殺は本来は「自死」と言うべきでしょう。というのは、「殺」というのは犯罪的な事態を指すわけですが、

「自殺」の場合は犯罪と言うことができないからです。さもないと、自殺未遂をした人はすべて、殺人未遂のために牢獄に入らなければならないということになるでしょう。しかしここでは、簡便さのために、自殺という言葉を使うことにします。

私のところに届く若い人たちの手紙の中には、明白にか隠れた形でか、自殺の問題を含んでいるものが数多くあります。キリスト教的に育てられた人たちは、自殺が本当に「重い罪」なのだろうか、と尋ねます。それに対しては私は答えることができません。私は自分の体験から、人生には「これ以上はもうやってゆけない」という瞬間があることを知っています。私がヒトラー体制のもとで牢獄に入れられ、死の判決を待ちうけていたとき、死刑になる前に死のうと考えました。牢獄の窓格子にシーツを切って作ったひもを掛けて首をつったとしても、私がそういうことをした最初の人間ではなかったでしょう。しかし、娘時代にも私は暗い時を過ごしました。そのころ、ミュンヒエンの「グロースヘッセローエ橋」〔ミュンヒエン南部、イーザル川にかかる橋〕は自殺場所として多くの人たちをたいへん引きつけていました。今日でもなお、「人生がもう楽しくない」という時間や日が時おりあります。しかし今日では、私を死ぬほど苦しめるのは、個人的な悩みではなく、あらゆる党派の政治家の愚かさや、彼らによって操られる人々の臆病さを見聞することです。私は時たま人間の価値に疑問をいだきます。私はこういう考えが悪魔の誘惑であることを知っていますが、やっぱりやってくるのです。

しかし、私は自分に自殺を許すほど絶望してはいません。私は人間に対して希望を持っています。この希望を手放してはならないのです。イエスもまた、彼の時代や彼自身の頭の固い弟子たちに対してさえ、いわばこの最初の「教会」に対してさえもほとんど絶望していましたが、希望を捨てませんでした。彼は私たちすべての内に「光からの光」を見たので、私たちを愛したのです〔キリスト教の教義「ニカエア信条」では「イエス・キリストは「神からの神」、「光からの光」とされている」〕。

私は自分自身に対しては自殺を禁じていますが、それは即、私が自殺者を「弾劾する」ということを意味するわけではありません。もはや人生にしがみつく力もなく、生と死の間の選択ももうできないような絶望者を、私は大勢知っています。人生を最初から愛しておらず、この地上を一度としてわが家と感ずることのない人たちもいます。何かの精神的な圧迫のもとで、遅かれ早かれ自分で自分に手を下す、死に魅了された人々もいます。自動車死亡事故はしばしば無意識的な形の自殺です。それから、急激な自殺ではなく、長期間にわたる自殺をする人たちもたくさんいます。大酒飲み、あらゆる種類の中毒患者がそうですが、彼らは奈落を目指しているのです。彼らは人生逃亡者です。私は彼らの気持ちがよくわかります。

自殺未遂をする非常に多くの人たちがいます。彼らは本当に死ぬつもりは全然ありません。その反対に、彼らはそのような試みによって人生の援助を呼び求めたいのです。ほかの誰も彼らのことをかまってくれないので、彼らは極端なＳＯＳを冷たい世界へと発信するのです。少なくとも医者は彼らを世話してくれるでしょう……。

私は何人かの若い人たちに、私の全注意力とまた愛情も向けることによって、自殺を思いとどまらせることができました。それにもかかわらず、私は時おり、彼らが再び奈落の淵に立っているのを見いだすのです。

また、今日この地上に生きている私たちすべては自殺者なのだ、という言い方もできます――集団自殺者です。私たちは、地球と私たち自身を絶滅するために、ありとあらゆることをしているのですから。ますます多くの人たちが自殺するのも不思議ではありません。自殺するのは貧困者や被抑圧者ではありません。豊かな国々の人なのです。私の聞くところでは、目下日本が第一位だそうです。日本は豊かな工業国です。なぜ自殺が多いのでしょう？　私はその原因は伝統の喪失、正確に言えば宗教の喪失にあると思います。日本は宗教的文化の国でした。神道と仏教が生活を刻印し、その生活は田舎と家の中で営まれていました。工業化とともにやってきたのは都会、工場労働、ストレス、金銭欲、唯物主義、宗教の喪失で、学校においてさえ成績思考が支配的になりました。しかも、それらすべてが異常に速いスピードで進行したのです。

スウェーデンのような非常に豊かで、安定した、完全に社会保障のゆきとどいた国で、多くの若者が自殺することは、安定と富が生きる力を促進する作用を全然持っていないことを証明しています。ドイツ連邦共和国で非常に多くの生徒たちが自殺することは、文教政策にとって、そして両親にとっても恥ずべきことです。生徒たちが自分の能力を越え、無意味に感じられる成績向上へと強制されるとき、若い人たちは死に駆り立てられるのです。私は、今日の流行のように、すべてを社会の罪にはいたしませんが、生徒たちの自殺には社会が責任を有しているのです。

私が自殺者のことをあまりによく理解してあげるので、あなたには私が自殺を肯定しているように思えるかもしれません。いいえ、そうではありません。自殺に対しては私は重大な問いかけをしてみましょう——人間は自分を殺す権利を持っているのだろうか？　自殺もやはり殺人なのではなかろうか？　たとえ情状酌量の余地があるにしても、やはり殺人なのではなかろうか？

もちろん、人間は死ぬ自由を持っています。しかし、そのとき彼は、その結果を自分に引き受けなければなりません。そして、それはどのような結果なのでしょうか？

この問題はもちろん再び形而上学の領域に属することになります。非信仰者にとっては、自殺者が死ねば、「すべておしまい」です。私は違ったふうに考えています。自殺は自己絶滅ではありません。人は自分自身を無の中に運び込むことはできないのです。人は死に際して、自分の手による死においても、自分自身をたずさえてゆくのです。

あなたはカルマの教えをご存知でしょう——人生において行なったこと、行なわなかったことがその果を結び、新しい（良い、あるいは悪い）運命をつくり出す、という考え方です。カトリックの神学は、悔い改めた罪人はその罪を赦されるが、「罪の処罰」は受ける、つまり間違った行ないの結果は自分が担わなければならない、と教えています。彼は「煉獄」においてこの結果を償う可能性がある、というわけです。私はこのこと全体を少し別の言い方で言ってみたいと思います――人は人生の中で、あるいは人生から、いくつかの課題を与えられます。人生というものはいわばこれらの課題を最も上手に解くことであるわけです。この課題が解けなかったり、あるいはまずい解き方をしたときには、人は同じ課題を何度も何度も与えられます。人はちょうど自分の性格をいつでもたずさえているのと同じように、自分の人生上の課題もたずさえているのです。人生という全課題から逃げ出す者、それを自分勝手に早まって中断する者は、別の人生や別の存在状態で、行なわなかったことを行ない、苦しまなかった分を苦しみ、拒んだ愛を学ばねばなりません。ですから、この人生から逃亡することは何の意味もない、と私は思うのです。

自殺はいけないというこのような見方に関する会話のとき、ある若い女性がこう言いました。

「えっ、なんですって？　いったい誰が私たちにこの課題を何度も与えるんですか？　生きていようが死んでいようが、いったい誰が一人の人間のことを気にかけますか？　だって人間は宇宙の中の無にすぎないんですよ」

この女性は非常に「左翼的な」社会主義者ですから、責任に対する別の理解の仕方を持っていなければならないはずなのですが。いかなる人間であれ、自分だけで生きているのではありません。たとえどんなわずかなことであれ、社会を肯定的あるいは否定的に変えることなしには、何事もなしえません。自殺はすべて社会の中で、社会に負担をかけて行なわれます。人生の課題をはたすことを拒むことは、すべて社会に対する拒絶でもあります。いずれにせよ、私はそういう見方をします。宇宙の中で誰か（「神」）が私たちのことを配慮しているかどうかは、信仰上の問題です。しかし、この地上においては、社会が私たちのことを配慮し、私たちは社会のことを配慮しなければなりません。もちろん、こうした考え方さえもはねつけることはできます。しかし、私はそういう点に考慮を促したいのです。

ちなみに、自殺の瀬戸際にまで行きながら、自殺はせず、後になって、人生の自殺期を成長のための危機として理解するようになった人たちを、私は何人か知っています（私自身もその中の一人です）。人はたった一度の肉体的な死を死ぬだけではなく、人生において何度も死ぬのです——すべての「危機」は死です。信じていた人や信じていた理念を失うこと、それらに別れを告げることは、すべて死です。私が少女のころ、「アルバム記入」という習慣がありました。私の歴史の先生は、当時一四歳であった私に、ゲーテの詩の一篇を書いて下さいました。私はそのころ、その詩をおそらく理解してはいませんでしたが、それは「呪文」のように生涯を通して私を導いてくれたのです。
「この死して成れ――
これを会得しなければ、
お前はこの美しい地上の
悲しい過客にすぎぬ」〔『西東詩集』より。ただしリンザーはゲーテの原文《暗い地上の（Auf der dunklen Erde)》を《この美しい地上の（Auf dieser schönen Erde)》に書き換えている〕

訳者あとがき

本書は今から四〇年以上も前の一九八〇年に出版された。そのような本を今あえて翻訳・出版する意義についてはのちほど述べることにして、最初に著者のルイーゼ・リンザー（一九一一〜二〇〇二）について簡単に紹介しておこう。

彼女は一九一一年にバイエルン州南部のピッツリングという町で、小学校教員の娘として生まれた。ミュンヒェン大学で心理学と教育学を学んだのち、彼女も小学校の教員になったが、ナチス体制への抵抗のために一九三九年に就業禁止を受けた。さらに一九四四年には、本書にも記されているように逮捕・拘禁され、死刑の宣告を受けたが、敗戦直前、奇蹟的に釈放された。牢獄での悲惨な体験は『牢獄日記』（一九四六年）に描かれている。

彼女の作家としての経歴は一九三八年に始まった。この年書いた習作短編「百合」（のちに『波紋』に収録）が、その当時S・フィッシャー書店を率いていたペーター・ズーアカンプの目にとまり、ただちに文芸誌『ノイエ・ルントシャウ』に発表された。ズーアカンプの要請によって一九四〇年に書いた中編『波紋』（上田真而子訳、岩波書店、二〇〇〇年）で作家としての地歩を固め、戦後は自伝的長編小説『人生の半ば』（一九五〇年）で一流作家として認められた。それ以来、二〇〇二年の他界まで、数多くの短編、長編、エッセイ、ルポが彼女の筆から生まれた。

リンザーは故国ドイツで流行作家だったばかりでなく、彼女の作品は世界二〇ヵ国以上で翻訳され、海外でも数多くの文学賞を受賞している。お隣の韓国では彼女の著作集まで出版されているというが、これは韓国では総人口の三〇%がキリスト教徒という事情と関係しているだろう。日本のキリスト教徒は人口の一%前後にすぎないが、それに対応して、日本ではリンザーへの関心はそれ程高くはない。それでも『人生の半ば』（稲木勝彦訳、三修社「ドイツの文学」第九巻、一九六六年）、その続編『美徳の遍歴』（飯島智子訳、朝日出版社、一九七二年）をはじめとして、すでに数冊の著書が邦訳されている。

訳者は彼女と同じカトリックの信仰を持つキリスト教徒ではない。にもかかわらず本書を翻訳したのは、リンザーの宗教観が偏狭なキリスト教に片寄らず、仏教や神道という異なった宗教的伝統の中に生きる私たち日本人も共鳴することのできる、普遍的な広がりを有していると思われたからである。リンザーが東洋思想への親近性を強く感じていることは、『ダライ・ラマ平和を語る』（中澤英雄訳、人文書院、二〇〇〇年）にも表われている。それ以上に本書の意義は、本書が今日の日本の状況にも関係する諸問題を扱っている点にある。

二一世紀に入っても、世界には戦乱、核兵器、異常気象、極端な貧富の差、民族紛争、人種差別、難民、麻薬など、人類を破滅に導きかねない憂慮すべき出来事や事象が続発している。リンザーによれば、私たちは「徐々に終焉に向かっている時代」に生きている。リンザーがそう述べたのは一九八〇年であるが、この指摘は現在にも妥当するだろう。いや、その当時以上に妥当するかもしれない。終わりを迎えつつある時代とは、人間をたんに精巧な機械としか見ない医学が、生と死の神秘を臓器移植手術と遺伝子操作に解消しようとする自然科学万能の時代、経済的価値観が人間の生を一元的に支配し、人間の精神性を駆逐してしまった物質文明の時代である。だが、人間に幸福を約束したはずの科学技術は今やその極限にまで突き進み、かえって人類の破滅を準備する力へと反転しようとしているかに見える。大自然への畏敬の念を喪失した道具的理性は、母なる地球を搾取したあげく破壊・汚染し、あまつさえ、限りある資源と領土をめぐって諸民族が戦火を交え、地球をさらに傷つけている。唯物論の共産主義体制はすでに崩壊したが、日本を含む西側資本主義諸国もまた、西欧近代に由来する基本的には同じ唯物的世界観に支配されている。資本主義社会もいつまでも存続できる保証はどこにもない。

このような時代の転換期にあって、ドイツの若者たちは一九七〇年代から、物質中心の価値観を越えて、自然環境、社会的公正、人間の魂のあり方を重視する生き方、一口で言えば「アルターナティーフ」な生き方を求め始めた。それは直接的には資本主義的な大人社会への抗議であったが、より根底的には人類の文明の新しいあり方を模索する動きであったと言えよう（さかのぼれば、一九六〇年代後半のアメリカのヒッピー運動にその萌芽を認めることができるだろう）。反体制的な若者たちの中でも、環境派と社会批判派は「緑の党」の結成に進むが、この点については日本でもよく知られているところである。

しかし、外的な制度変革だけでは満足できない、言ってみれば内面派とでも呼べる若者たちは、魂の圧迫感と飢餓感を癒やすために、単なる制度と化したキリスト教を捨てて、主として東洋系の新宗教の中に新たな救済と啓示を求めた。これらの新宗教は「Jugendsekte＝若者カルト」と総称された。英語の「セクト」に対応するドイツ語の「ゼクテ」には「カルト」という否定的なニュアンスがある。このような動向は、既成の価値観と伝統的キリスト教信仰に生きる大人社会との衝突につながらざるをえなかった。私がドイツに留学していた一九七八～八〇年頃（ちょうど本書が成立した時期にあたる）は、マハリシ、ラジニーシ、文鮮明といった教祖＝グルたちの名前がドイツのマスコミを賑わしていた。古きものが去りつつはあるが、新しきものがまだ明確には姿を現わしていない過渡期の中で、霊の覚醒を求めて努力し、迷い、苦悩する若者たちの様々の質問に、リンザーが彼女自身の長い人生体験と思想的・宗教的遍歴をもとに行なった回答が本書である。

それでは若者たちは、その当時すでに七〇歳近くの、自分たちの祖母の世代に属する作家に、なぜ人生や宗教上の指針を求めたのだろうか？　それは、リンザーの老いを知らない若々しい精神性のためであっただろう。彼女は本書執筆以前の一九七五年には、アッシジの聖フランシスを現代に甦らせた『兄弟なる火』という小説を書いているが、この小説は、一九七〇年代の宗教的なドロップアウトたちの姿を好意的に描き出している。彼女はまた環境保護運動や平和運動にも早くから共感を寄せていた（彼女の環境派としての姿勢は『なしの木の精スカーレル』《遠山明子訳、福武書店、一九八九年》という児童文学に表われている）。そのため、彼女は環境保護派や、既存の政党に満足できない若者たちの敬意を集め、リヒャルト・フォン・ヴァイツゼッカー氏が大統領に選出された一九八四年の選挙では、緑の党から大統領候補に担ぎ出されたほどであるが、本書にもあるように、リンザーはドイツでは左翼的・異端的なカトリックと見られている。が、硬直した教会神学やイデオロギーにとらわれず、幅広い宗教的・哲学的知識と豊かな人生体験を積んだ彼女は、若者にとって信頼に足る相談相手になったのであった。

本書の中で彼女は若者たちに、市民社会とキリスト教会から性急にドロップアウトすることを勧めもしないし、また安全な因習的制度の中に彼らを引きとどめようともしない。彼女が若者たちに求めるのは、現実社会から逃避することなしに、所与の環境や条件と真剣に取り組みつつ、自分の内に深く省察と瞑想の視線を向け、各人が自身の「内なる神」を見いだすことである。その「内なる神」はキリスト教の「上なる神」につながりながら、また仏教の「仏性」にも相通じる人間の神的核心である。そして、この核心は愛であるがゆえに、宗教において最も重要なものは、すべての人間を神の子と見る普遍的な人類愛である、と彼女は述べる。

そのような立場からリンザーは、ドイツでは「ムーン（文鮮明）・ゼクテ」として知られる統一教会のようなカルトに警告を発し、さらにまた、生きがいの喪失に苦しんでいたり、死の恐怖に怯えていたり、自殺に誘惑されたりしている若者たちに援助の手を差し伸べてきた。

多少状況が異なるとはいえ、わが国でもドイツと似た動向が見いだされるのではなかろうか。霊的覚醒への願望は日本社会の中にも深く静かに浸透しつつあるように見える。わが国でも「心の時代」、「宗教の時代」ということが言われて久しい。大書店に行けば、「精神世界」関係の書物のコーナーがある。新宗教にひかれ、参加する若者は少なくない。

私が一九七〇年前後に大学生だったころ、私のキャンパスでも統一教会の学生組織である「原理研究会」が盛んに活動していた。私も彼らに声をかけられたが、話してみるととても真面目な学生たちだった。彼らはその当時、親元を離れ、共同生活を行なっていて、「親泣かせ原理研究会」と呼ばれていた。さらに、私が大学で教鞭を執るようになってからは、オウム真理教の進出が目立ってきた。教室に行くと、麻原彰晃と著名な宗教学者の対談の週刊誌記事のコピーが大量にばらまかれていた。

このようなカルト集団に高学歴の青年たちが多数参加していたことをいぶかしく思う人は、本書のリンザーの序文をもう一度読んでいただきたい。日本においてもドイツにおいても、多くの青年たちが広い意味で「宗教的」と名づけることができる情熱を潜在的に持っている点において、基本的に違いはないのだと思う。なぜなら、人間はパンなくしては生きられないが、パンのみにて生きる存在でもないからである。人間は常に宇宙の中における自己の存在の意義づけを求めている。このような意義づけへの渇望を、哲学者ショーペンハウアーは「形而上学的欲求」と名づけた。この欲求は通常、その時代と地域において支配的な宗教や哲学によって充足されたのであるが、社会や文明のあり方が大きく変化する時代の転換期には、旧来の宗教や哲学はもはや人々の形而上学的欲求を満たしえない。満たされない欲求は既成の規範体系を逸脱して別の回路に向かい、そこに人間の生に新しい方向づけを与える新しい宗教、新しい哲学が生まれる。そのような無数の「形而上学」の中で、時代の動向を的確に見抜く鋭い直観と、生命の本質を説き明かす明快かつ深遠な理論と、無私なる愛に基づく偉大な人格的魅力を兼ね備えた宗教的天才とでも呼べるような人物の創始した教えが、次代の宗教として人々の精神生活に大きな影響を与えることになった。仏教もキリスト教もイスラム教も当初、そのようにして誕生した新宗教、まさに「カルト」(既成宗教の側から見れば)であった。法然、親鸞、日蓮、道元らの日本の鎌倉仏教についても同じことが言えるだろう。既成のあらゆるドグマやイデオロギーが力を失いつつある私たちの時代も、歴史上様々な場所で繰り返されてきた、新たな「形而上学」が生まれ出ようとする転換期なのかもしれない。

だが問題は、叢生する数多くの新しい「形而上学」の中で、何が本もので何が偽ものかを区別することが難しいことである。そして、いつの時代にも本ものの預言者よりも偽預言者のほうが多い。ちなみに、衰えたりとはいえ、キリスト教という体制的宗教が存在するドイツでは、カルトに入るためには市民社会と教会という二つの制度からドロップアウトしなければならないが、そのような体制的宗教が存在しない日本では、心理的なハードルが一つ少ないだけに、若者はそれだけカルトに入りやすいと言えるかもしれない。

このような過渡期にあって、本書の意義は、真贋を弁別する理性の目を養ってくれるところにあると思う。宗教が単なる哲学ではない以上、宗教には「奇蹟」のような何らかの形の超常的、神秘的現象が付随する。リンザーは、今日の科学理論に合致しないからそれらの現象は存在しない、とは言わない。彼女は霊の存在も超能力の存在も否定しない。しかし、大切なことは、それらの現象は、宗教に関係してはいるのだけれども、宗教そのものではない、ということである。空中に浮揚しても、水の上を歩いても、病人を奇蹟的に治療しても、それだけでその人をキリストと呼ぶことはできない。リンザーが言うように、宗教とはあくまでも愛であり、愛こそが宗教なのである。その最も根本的なことを忘れて、「おまけ」にすぎないものに人間の心を固着させる宗教があったら、それは誤った宗教ということになる。

人間が「形而上学的動物」である以上、霊的覚醒を求める人々の試行錯誤に満ちた探求はこれからも続くのであろう。霊的探求がカルトという邪道にそれないためには、真贋を見分ける「神聖にして冷静な」理性が必要である。そのような理性への呼びかけを行なっている本書は、宗教に関心をいだく人々へのよき道標となるにちがいない。

なお、本書における聖書やその他の著作の引用や言及は、原典とは若干文言が異なっている場合もあるが、すべてリンザーの文章をもとに翻訳した。

本書については平尾浩三・東京大学名誉教授編纂のドイツ語版教科書（白水社刊）がある。平尾先生のすぐれた訳注には教えられる点が多々あり、本訳書においても参考にさせていただいた。ここに記して感謝の意を表したい。

中澤英雄

〈訳者紹介〉
中澤英雄（なかざわ　ひでお）

1948 年生まれ。
1966 年、北海道小樽潮陵高校卒、東京大学教養学部理科一類入学。
1971 年、東京大学教養学部教養学科ドイツ科卒。
1973 年、東京大学人文科学研究科比較文学・比較文化修士課程修了。
1975 年、千葉大学教養部講師。
1985 年、東京大学教養学部助教授。
1995 年、東京大学教養学部教授。
2012 年、東京大学を定年退職、名誉教授。

・主要著書
『カフカとキルケゴール』（オンブック、2005 年）
『カフカ ブーバー シオニズム』（オンブック、2011 年）
『Kafka und Kierkegaard』（Iudicium、2016 年）
『Kafka und Buber』（Iudicium、2018 年）
・主要訳書
マルティーンセン＝ローマン『歌唱芸術のすべて』（音楽之友社、1994 年）
ザッハー＝マゾッホ『ユダヤ人の生活』（柏書房、1994 年）
ルイーゼ・リンザー『ダライ・ラマ平和を語る』（人文書院、2000 年）

ルイーゼ・リンザーの
宗教問答 —カルトを超えて

2023年6月18日初版第1刷発行
著　者　ルイーゼ・リンザー
訳　者　中澤英雄
発行者　百瀬 精一
発行所　鳥影社 (choeisha.com)
〒160-0023　東京都新宿区西新宿3-5-12トーカン新宿7F
電話　03-5948-6470, FAX 0120-586-771
〒392-0012　長野県諏訪市四賀229-1（本社・編集室）
電話 0266-53-2903, FAX 0266-58-6771
印刷・製本　モリモト印刷

ISBN978-4-86782-011-7　C0014